LA FAUSSE
SUIVANTE,
OU
LE FOURBE PUNY!
COMEDIE
EN TROIS ACTES.

(par Mr de Marivaux)

Repreſentée pour la premiere fois, par les Comédiens Italiens ordi-naires du Roy, le Samedy 8. Juillet 1724.

A PARIS;

Chez BRIASSON, rue ſaint Jacques, à la Science.

M. DCC XXIX.

Avec Approbation & Privilege du Roy.

ACTEURS.

LA COMTESSE.

LELIO,

LE CHEVALIER.

TRIVELIN, Valet du Chevalier.

ARLEQUIN, Valet de Lelio.

FRONTIN, autre Valet du Chevalier.

PAYSANS & Paysannes,

DANSEURS & Danseuses.

La Scene est devant le Château de la Comtesse.

LA FAUSSE SUIVANTE
OU
LE FOURBE PUNY.
COMEDIE.

ACTE PREMIER
SCENE PREMIERE.
FRONTIN, TRIVELIN.
FRONTIN.

 E penſe que voilà le Seigneur Trivelin, c'eſt lui même. Eh comment te porte-tu mon cher amy ?

TRIVELIN.
A merveille, mon cher Frontin, à

merveille, je n'ai rien perdu des vrais biens qne tu me connoiſſois; ſanté admirable, & grand appetit : mais toy , que fais-tu à preſent, je t'ay vû dans un petit négoce qui t'alloit bien-tôt rendre Citoyen de Paris ; l'as-tu quitté ?

FRONTIN.

Je ſuis culbuté, mon enfant, mais toy. même comment la fortune t'a-t-elle traité depuis que je ne t'ay vû ?

TRIVELIN.

Comme tu ſçais qu'elle traite tous les gens de mérite.

FRONTIN,

Cela veut dire très-mal.

TRIVELIN.

Oüi. Je lui ai pourtant une obligation : c'eſt qu'elle m'a mis dans l'habitude de me paſſer d'elle ; je ne ſens plus ſes diſgraces , je n'envie point ſes faveurs, & cela me ſuffit ; un homme raiſonnable n'en doit pas demander davantage ; je ne ſuis pas heureux, mais je ne me ſoucie pas de l'eſtre. Voilà ma façon de penſer.

FRONTIN.

Diantre , je t'ai toûjours connu pour un garçon d'eſprit , & d'une intrigue admirable , mais je n'aurois jamais ſoupçon-

né que tu deviendrois philofophe ; malpefte que tu eft avancé , tu méprife déja
les biens de ce mondé.

TRIVELIN.

Doucement mon ami , doucement , ton
admiration me fait rougir ; j'ai peur de
ne la pas mériter , le mépris que je crois
avoir pour les biens , n'eft peut être qu'un
beau verbiage, & à te parler confidament ,
je ne confeillerois encore à perfonne
de laiffer les fiens à la diferétion de ma
Philofophie ; j'en prendrois Frontin , je
le fens bien , j'en prendrois à la honte
de mes réflexions. Le cœur de l'homme
eft un grand fripon.

FRONTIN.

Hélas , je ne fçaurois nier cette vérité là
fans bleffer ma confcience.

TRIVELIN.

Je ne la dirai pas à tout le monde ;
mais je fçais bien que je ne parle pas à
un profane.

FRONTIN.

Eh dit moy, mon ami, qu'eft-ce que c'eft
que ce paquet là que tu porte ?

TRIVELIN.

C'eft le trifte bagage de ton ferviteur ;
ce paquet enferme toutes mes poffeffions.

FRONTIN.

On ne peut pas les accuſer d'occuper trop de terrain.

TRIVELIN.

Depuis quinze ans que je roule dans le monde, tu ſçais combien je me ſuis tourmenté, combien j'ai fait d'efforts pour arriver à un état fixe ; j'avois entendu dire que les ſcrupules nuiſoient à la fortune, je fis tréve avec les miens, pour n'avoir rien à me reprocher : étoit-il queſtion d'avoir de l'honneur, j'en avois ; falloit-il être fourbe, j'en ſoupirois, mais j'allois mon train. Je me ſuis vû quelquefois à mon aiſe ; mais le moyen d'y reſter avec le jeu, le vin & les femmes ; comment ſe mettre à l'abry de ces fleaux là?

FRONTIN.

Cela eſt vrai.

TRIVELIN.

Que te dirai-je enfin, tantôt maître ; tantôt valet, toûjours prudent, toûjours induſtrieux, ami des fripons par interêt, ami des honnêtes gens par goût ; traité poliment ſous une figure, menacé d'étrivieres ſous une autre, changeant à propos de metier, d'habits, de caracteres, de mœurs, riſquant beaucoup, réüſſiſſant

peu, libertin dans le fond, reglé dans la
forme, démafqué par les uns, foupçon-
né par les autres, à la fin équivoque à tout
le monde, j'ai tâté de tout, je dois par
tout : mes créanciers font de deux efpeces, les uns ne fçavent pas que je leur
dois, les autres le favent & le fçauront
long-tems. J'ai logé par tout, fur le pa-
vé, chez l'aubergifte, au cabaret, chez
le bourgeois, chez l'homme de qualité,
chez moy, chez la juftice qui m'a fouvent recueilli dans mes malheurs, mais
fes appartemens fon trop triftes, & je n'y
fuvois que des retraittes; enfin mon ami,
après quinze ans de foins, de travaux
& de peines, ce malheureux paquet eft
tout ce qui me refte; voilà ce que le
monde m'a laiffé, l'ingrat ! après ce que
j'ai fais pour lui, tous fes prefens ne va-
lent pas une piftole.

FRONTIN.

Ne t'afflige point mon ami, l'article
de ton recit qui m'a paru le plus défa-
gréable, ce font les retraites chez la Juftice ; mais ne parlons plus de cela, tu arrive à propos ; j'ai un parti à te propofer,
cependant qu'as-tu fait depuis deux ans
que je ne t'ai vû, & d'où fors-tu à prefent ?

A iiij

LA FAUSSE

TRIVELIN.

Primo. Depuis que je ne t'ai vû, je me
suis jetté dans le service.

FRONTIN.

Je t'entens, tu t'est fait soldat : ne se-
rois-tu pas déserteur par hazard?

TRIVELIN.

Non ; mon habit d'ordonnance étoit
une livrée.

FRONTIN.

Fort bien.

TRIVELIN.

Avant que de me réduire tout-à-fait à
cet état humiliant, je commençai par vendre ma garde-robe.

FRONTIN.

Toi, une garde-robe!

TRIVELIN.

Oui, c'étoit trois ou quatre habits que
j'avois trouvé convenables à ma taille
chez les Fripiers, & qui m'avoient servi
à figurer en honnête homme ; je crus de-
voir m'en défaire pour perdre de vûë
tout ce qui pouvoit me rappeller ma gran-
deur passée ; quand on renonce à la vanité, il n'en faut pas faire à deux fois,
qu'est-ce que c'est que se ménager des res-
sources, point de quartier, je vendis tout,
ce n'est pas assez, j'allai tout boire.

FRONTIN.

Fort bien.

TRIVELIN.

Oüi mon ami, j'eus le courage de faire deux ou trois débauches salutaires qui me vuiderent ma bourse, & me garantirent ma perseverance dans la condition que j'allois embrasser ; de sorte que j'avois le plaisir de penser en m'enyvrant, que c'étoit la raison qui me versoit à boire. Quel nectar ! ensuite un beau matin je me trouvai sans un sol ; comme j'avois besoin d'un promt secours, & qu'il n'y avoit point de tems à perdre, un de mes amis que je rencontrai me proposa de me mener chez un honnête particulier qui étoit marié, & qui passoit sa vie à étudier des langues mortes : cela me convenoit assez, car j'ai de l'étude ; je restai donc chez lui, là je n'entendis parler que de sciences, & je remarquai que mon Maître étoit épris de passion pour certains Quidans qu'il appelloit des anciens, & qu'il avoit une souveraine antipatie pour d'autres qu'il appelloit des modernes ; je me fis expliquer tout cela.

FRONTIN.

Et qu'est-ce que c'est que les anciens & les modernes ?

TRIVELIN.

Des anciens; attends , il y en a un dont je fçais le nom , & qui eſt le Capitaine de la bande ; c'eſt comme qui te diroit un Homere. Connois-tu cela ?

FRONTIN.

Non.

TRIVELIN.

C'eſt dommage , car c'étoit un homme qui parloit bien Grec.

FRONTIN.

Il n'étoit donc pas François cet homme là ?

TRIVELIN.

Oh que non , je penſe qu'il étoit de Quebec , quelque part dans cette Egypte , & qu'il vivoit du tems du Déluge ; nous avons encore de lui de fort belles Satires , & mon Maître l'aimoit beaucoup , lui & tous les honnêtes gens de ſon tems , comme Virgile , Neron , Plutarque, Uliſ- ſe & Diogene.

FRONTIN.

Je n'ai jamais entendu parler de cette race là , mais voilà de vilains noms.

TRIVELIN.

De vilains noms ! c'eſt que tu n'y eſt pas accoûtumé : ſçais-tu bien qu'il y a

plus d'efprit dans ces noms-là que dans
le Royaume de France ?

FRONTIN.

Je le crois. Et que veulent dire les modernes ?

TRIVELIN.

Tu m'écarte de mon fujet, mais n'importe ; les modernes c'eft comme qui diroit . . . . . toi par exemple.

FRONTIN.

Ho ho, je fuis un moderne, moi.

TRIVELIN.

Oüi vraiment tu es un moderne, &
des plus modernes ; il n'y a que l'enfant
qui vient de naître qui l'eft plus que toi,
car il ne fait que d'arriver.

FRONTIN.

Eh pourquoi ton Maître nous haïf-
foit il ?

TRIVELIN.

Parce qu'il vouloit qu'on eût quatre
mille ans fur la tête pour valoir quelque
chofe ; oh moi pour gagner fon amitié, je
me mis à admirer tout ce qui me paroif-
foit ancien, j'aimois les vieux meubles,
je loüois les vieilles modes, les vieilles
efpeces, les Médailles, les Lunettes, je
me coëffois chez les crieufes de vieux cha-
peaux, je n'avois commerce qu'avec des

vieillards, il étoit charmé de mes inclinations, j'avois la clef de la cave où logeoit un certain vin vieux qu'il appelloit son vin grec , il m'en donnoit quelquefois, & j'en détournois aussi quelques bouteilles , par amour loüable pour tout ce qui étoit vieux , non que je négligeasse le vin nouveau ; je n'en demandois point d'autre à sa femme, qui vraiment estimoit bien autrement les modernes que les anciens, & par complaisance pour son goût, j'en emplissois aussi quelques bouteilles , sans lui en faire ma cour.

FRONTIN.

A merveille !

TRIVELIN.

Qui n'auroit pas crû que cette conduite auroit dû me concilier ces deux esprits: point du tout. Ils s'apperçurent du ménagement judicieux que j'avois pour chacun d'eux, ils m'en firent un crime ; le mari crut les anciens insultés par la quantité de vin nouveau que j'avois bû, il m'en fit mauvaise mine ; la femme me chicanna sur le vin vieux ; j'eus beau m'excuser , les gens de partis n'entendent point raison, il fallut les quitter, pour avoir voulu me partager entre les anciens & les modernes. Avois je tort ?

FRONTIN.

Non, tu avois obſervé toutes les regles
de la prudence humaine ; mais je ne puis
en écouter davantage, je dois aller coucher ce ſoir à Paris où l'on m'envoye,&
je cherchois quelqu'un qui tint ma place
auprèsde monMaître pendant mon abſen-
ce, veux-tu que je te preſente ?

TRIVELIN.

Oüyda. Et qu'eſt-ce que c'eſt que ton
Maître, fait-il bonne chere, car dans l'é-
tat où je ſuis, j'ai beſoin d'une bonne cui-
ſine ?

FRONTIN.

Tu ſeras content,tu ſerviras la meilleure
fille.

TRIVELIN.

Pourquoi donc l'appelle-tu ton Maître ?

FRONTIN.

Ah foin de moi, je ne ſçais ce que je
dis, je rêve à autre choſe.

TRIVELIN.

Tu me trompe, Frontin.

FRONTIN.

Ma foi oüi, Trivelin, c'eſt une fille
habillée en homme dont il s'agit, je voulois te le cacher, mais la verité m'eſt écha-
pée, & je me ſuis bloüſé comme un ſot,
ſois diſcret, je te prie.

TRIVELIN.

Je le suis dès le berceau. C'est donc une intrigue que vous conduisés tous deux ici cette fille-là & toi?

FRONTIN, *à part.*

Oüi. Cachons-lui son rang. . . Mais la voilà qui vient, retire-toi à l'écart, afin que je lui parle.

TRIVELIN *se retire & s'éloigne.*

SCENE II.

LE CHEVALIER, FRONTIN.

LE CHEVALIER.

EH bien, m'avez-vous trouvé un Domestique?

FRONTIN.

Oüi, Mademoiselle, j'ai rencontré....

LE CHEVALIER.

Vous m'impatientez avec votre Demoiselle, ne sçauriez-vous m'appeller Monsieur.

FRONTIN.

Je vous demande pardon, Mademoi-

felle . . . . je veux dire Monſieur, j'ai
trouvé un de mes amis qui eſt fort brave
garçon, il ſort actuellement de chez un
Bourgeois de campagne qui vient de mourir, & il eſt là qui attend que je l'appelle
pour offrir ſes reſpects.

LE CHEVALIER.

Vous n'avez peut-être pas eû l'imprudence de lui dire qui j'étois.

FRONTIN.

Ah Monſieur, mettez-vous l'eſprit en
repos, je ſçais garder un ſecret. *Bas.*
Pourvû qu'il ne m'échape pas. Souhaitez-
vous que mon ami s'approche.

LE CHEVALIER.

Je le veux bien, mais partez ſur le
champ pour Paris.

FRONTIN.

Je n'attends que vos depêches.

LE CHEVALIER.

Je ne trouve point à propos de vous
en donner, vous pourriez les perdre, ma
ſœur à qui je les addreſſerois pourroit les
égarer auſſi, & il n'eſt pas beſoin que
mon avanture ſoit ſçûë de tout le monde;
voici votre Commiſſion, écoutez-moi.
Vous direz à ma ſœur, qu'elle ne ſoit point
en peine de moi, qu'à la derniere partie
de Bal où mes amies m'amenerent dans le

déguisement où me voilà, le hazard me
fit connoître le Gentilhomme que je n'a-
vois jamais vû, qu'on disoit être encore
en Province, & qui est ce Lelio avec qui
par lettres le mari de ma sœur a presque
arrêté mon mariage : que surprise de le
trouver à Paris sans que nous le sçussions,
& le voyant avec une Dame, je resolus
sur le champ de profiter de mon déguisement pour me mettre au fait de l'état de
son cœur & de son caractere : qu'enfin
nous liâmes amitié ensemble aussi promp-
tement que des Cavaliers peuvent le faire,
& qu'il m'engagea à le suivre le lende-
main à une partie de Campagne chez la
Dame avec qui il étoit, & qu'un de ses
parens accompagnoit ; que nous y sommes
actuellement, que j'ai déja découvert des
choses qui méritent que je les suive avant
que de me déterminer à épouser Lelio :
que je n'aurai jamais d'interêt plus serieux.
Partez, ne perdez point de tems ; faites
venir ce Domestique que vous avez arrêté, dans un instant j'irai voir si vous êtes
parti. *Seule* Je regarde le moment où j'ai
connu Lelio comme une faveur du Ciel,
dont je veux profiter, puisque je suis ma
maîtresse & que je ne dépens plus de personne ; l'avanture où je me suis mise ne

surprendra

furprendra point ma fœur, elle fçait la
fingularité de mes fentimens, j'ai du bien,
il s'agit de le donner avec ma main & mon
cœur, ce font de grands prefens,& je veux
fçavoir à qui je les donne.

FRONTIN, *à Trivelin.*

Le voilà, Monfieu. Garde-moi le fecret.

TRIVELIN.

Je te le rendrai mot pour mot comme
tu me l'as donné, quand tu voudras.

SCENE III.

LE CHEVALIER, TRIVELIN.

LE CHEVALIER.

APprochez, comment vous appellez-
vous ?

TRIVELIN.

Comme vous voudrez, Monfieur ;
Bourguignon, Champagne, Poitevin,
Picard, tout cela m'eft indifferent, le nom
fous lequel j'aurai l'honneur de vous fer-
vir, fera toûjours le plus beau nom du
monde.

B

LE CHEVALIER.

Sans compliment; quel eſt le tien à toi?

TRIVELIN.

Je vous avoüe que je ferois quelque difficulté de le dire, parce que dans ma famille je ſuis le premier du nom qui n'ait pas diſpoſé de la couleur de ſon habit ; mais peut-on porter rien de plus galand que vos couleurs, il me tarde d'en être chamaré ſur toutes les coutures.

LE CHEVALIER, à part.

Qu'eſt ce que c'eſt que ce langage-là ? il m'inquiette.

TRIVELIN.

Cependant, Monſieur, j'aurai l'honneur de vous dire que je m'appelle Trivelin, c'eſt un nom que j'ai reçû de pere en fils très-correctement, & dans la derniere fideli é, & de tous les Trivelins qui furent jamais, votre ſerviteur, en ce moment s'eſtime le plus heureux de tous.

LE CHEVALIER.

Laiſſez-là vos poli eſſes, un Maître ne demande à ſon Valet que de l'attention dans ce qu'il l'employe.

TRIVELIN.

Son Valet, le terme eſt dur, il frappe mes oreilles d'un ſon diſgracieux ; ne pur gera-t'on jamais le difcours de tous ces noms odieux ?

LE CHEVALIER.

La délicateffe eft finguliere ?

TRIVELIN.

De grace, ajuftons-nous, convenons d'une formule plus douce.

LE CHEVALIER, *à part.*

Il fe mocque de moi. Vous riez, je penfe.

TRIVELIN.

C'eft la joye que j'ai d'être à vous, qui l'emporte fur la petite mortification que je viens d'effuyer.

LE CHEVALIER.

Je vous avertis moi, que je vous renvoye, & que vous ne m'êtes bon à rien.

TRIVELIN.

Je ne vous fuis bon à rien ; ah, ce que vous dites là ne peut pas être ferieux.

LE CHEVALIER.

A part. Cet homme là eft un extravagant. *A Trivelin.* Retirez vous.

TRIVELIN.

Non, vous m'avez piqué, je ne vous quitterai point, que vous ne foyez convenu avec moi, que je vous fuis bon à quelque chofe.

LE CHEVALIER.

Retirez vous, vous dis je.

TRIVELIN.

Où vous attendrai-je ?

LE CHEVALIER.

Nulle part.

TRIVELIN.

Ne badinons point, le tems se passe, & nous ne décidons rien.

LE CHEVALIER.

Sçavez vous bien mon ami que vous risquez beaucoup.

TRIVELIN.

Je n'ai pourtant qu'un écu à perdre.

LE CHEVALIER.

Ce coquin là m'embarasse. *Il fait comme s'il s'en alloit.* Il faut que je m'en aille. *A Trivelin.* Tu me suis ?

TRIVELIN.

Vraiment oüi, je soutiens mon caractere : ne vous ai-je pas dit que j'étois opiniâtre.

LE CHEVALIER.

Insolent !

TRIVELIN.

Cruel !

LE CHEVALIER.

Comment cruel !

TRIVELIN.

Oüi cruel, c'eſt un reproche tendre
que je vous faits ; continuez, vous n'y êtes
pas, j'en viendrai juſqu'aux ſoupirs, vos
rigueurs me l'annoncent.

LE CHEVALIER.

Je ne ſçais plus que penſer de tout ce
qu'il me dic.

TRIVELIN.

Ah, ah, ah, vous revez mon Cavalier,
vous deliberez, votre ton baiſſe, vous de-
venez traitable, & nous nous accommo-
derons, je le vois bien, la paſſion que j'ai
de vous ſervir eſt ſans quartier, premierement cela eſt dans mon ſang, je ne ſçaurois me corriger.

LE CHEVALIER, *mettant la main ſur*
la garde de ſon Epée.

Il me prend envie de te traiter comme
tu le mérite.

TRIVELIN.

Fy, ne geſticulez point de cette maniere là, ce geſte là n'eſt point de votre com-
petence, laiſſez là cet arme qui vous eſt
étrangere, votre œil eſt plus redoutable
que ce fer inutile qui vous pend au côté.

LE CHEVALIER.

Ah! je ſuis trahie!

TRIVELIN.

Maſque, venons au fait, je vous connois.

LE CHEVALIER.

Toi ?

TRIVELIN.

Oüi, Frontin vous connoiſſoit pour nous
deux.

LE CHEVALIER.

Le coquin ! & t'a-t'il dit qui j'étois ?

TRIVELIN.

Il m'a dit que vous étiez une fille, &
voilà tout, & moi je l'ai crû, car je ne
chicane ſur la qualité de perſonne.

LE CHEVALIER.

Puiſqu'il m'a trahie, il vaut autant que
je t'inſtruiſe du reſte.

TRIVELIN.

Voyons, pourquoi êtes-vous dans cet
équipage-là ?

LE CHEVALIER.

Ce n'eſt point pour faire du mal.

TRIVELIN.

Je le crois bien, ſi c'étoit pour cela vous
ne déguiſeriez pas votre ſexe, ce ſeroit
perdre vos commoditez.

LE CHEVALIER.

A part. Il faut le tromper. *A Trivelin.*
Je t'avoüe que j'avois envie de te cacher

la verité, parce que mon déguifement regarde une Dame de condition, ma Maîtreffe, qui a des vûës fur un Monfieur
Lelio que tu verras, & qu'elle voudroit
détacher d'une inclination qu'il a pour
une Comteffe à qui appartient ce Château.

TRIVELIN.

Eh, quelle efpece de commiffion vous
donne-t'elle auprès de ce Lelio! l'emploi
me paroît gaillard, foubrette de mon ame.

LE CHEVALIER.

Point du tout, ma charge fous cet ha-
bit-ci, eft d'attaquer le cœur de la Comteffe; je puis paffer comme tu vois pour
un affez joli Cavalier, & j'ai déja vû les
yeux de la Comteffe s'arrêter plus d'une
fois fur moi; fi elle vient à m'aimer, je
la ferai rompre avec Lelio, il reviendra
à Paris, on lui propofera ma Maîtreffe
qui y eft, elle eft aimable, il la connoît,
& les nôces feront bientôt faites.

TRIVELIN.

Parlons à préfent à rets de chauffée, as-
tu le cœur libre?

LE CHEVALIER.

Oüi.

TRIVELIN.

Et moi auffi, ainfi de compte arrêté;

cela fait deux cœurs libres, n'eſt-ce pas ?

LE CHEVALIER.

Sans doute.

TRIVELIN.

Ergo, je conclus que nos deux cœurs ſoient déſormais camarades.

LE CHEVALIER.

Bon.

TRIVELIN.

Et je conclus encore toûjours auſſi ju-dicieuſement, que deux amis devant s'o-bliger en tout ce qu'ils peuvent, tu m'a-vance deux mois de recompenſe ſur l'e-xacte diſcretion que je promets d'avoir, je ne parle point du ſervice domeſtique que je te rendrai, ſur cet article, c'eſt à l'amour à me payer mes gages.

LE CHEVALIER,
lui donnant de l'argent.

Tiens voilà déja ſix loüis d'or d'avan-ce pour ta diſcretion, & en voilà déja trois pour ſes ſervices.

TRIVELIN, *d'un air indifferent.*

J'ai aſſez de cœur pour refuſer ces trois derniers loüis là, mais donne, la main qui me les preſente, étourdis ma generoſité.

LE CHEVALIER.

Voici Monſieur Lelio, retire-toi, & vas-t'en

c'en m'attendre à la porte de ce Château
où nous logeons.

TRIVELIN.

Souviens-toi ma friponne à ton tour
que je suis ton Valet sur la scene, & ton
Amant dans les coulisses ; tu me donneras
des ordres en public, & des sentimens
dans le tête à tête.

*Il se retire en arriere quand Lelio entre
avec Arlequin. Les Valets se rencontrans
se saluent.*

SCENE IV.

LELIO, LE CHEVALIER, ARLEQUIN, TRIVELIN,
derriere leurs Maîtres.

LELIO, *vient d'un air rêveur.*

LE CHEVALIER.

LE voilà plongé dans une grande rê-
verie.

ARLEQUIN, *à Trivelin derriere eux.*

Vous m'avez l'air d'un bon vivant.

C

TRIVELIN.

Mon air ne vous ment pas d'un mot,
& vous êtes fort bon phisionomiste.

LELIO, *se retournant vers Arlequin,*
& appercevant le Chevalier.

Arlequin. . . . . Ah Chevalier je vous
cherchois.

LE CHEVALIER.

Qu'avez vous Lelio ? je vous vois enve-
lopé dans une distraction qui m'inquiete.

LELIO.

Je vous dirai ce que c'est. *A Arlequin.*
Arlequin n'oublie pas d'avertir les Musiciens de se rendre ici tantôt.

ARLEQUIN.

Oüi Monsieur. *A Trivelin.* Allons boire pour faire aller notre amitié plus vîte.

TRIVELIN.

Allons, la recette est bonne, j'aime assez votre maniere de hâter le cœur.

SCENE V.

LELIO, LE CHEVALIER.

EH bien mon cher, dequoi s'agit-il, qu'avez-vous, puis-je vous être utile à quelque chose?

LELIO.

Très utile.

LE CHEVALIER.

Parlez.

LELIO.

Eſtes-vous mon ami?

LE CHEVALIER.

Vous meritez que je vous diſe non, puiſque vous me faites cette queſtion-là.

LELIO.

Ne te fâches point Chevalier, ta vivacité m'oblige, mais paſſe-mói cette queſ-tion-là, j'en ai encore une à te faire.

LE CHEVALIER.

Voyons.

LELIO.

Eſt-tu ſcrupuleux?

LE CHEVALIER.

Je le suis raisonnablement.

L E L I O.

Voilà ce qu'il me faut, tu n'as pas un
honneur mal entendu sur une infinité de
bagatelles qui arrêtent les sots.

LE CHEVALIER, *à part.*

Fy, voilà un vilain début.

L E L I O.

Par exemple, un Amant qui dupe sa
Maîtresse pour se débarasser d'elle, en est-
il moins honnête homme, à ton gré.

LE CHEVALIER.

Quoi, il ne s'agit que de tromper une
femme ?

L E L I O.

Non vraiment.

LE CHEVALIER.

De lui faire une perfidie.

L E L I O.

Rien que cela.

LE CHEVALIER.

Je croyois pour le moins que tu voulois mettre le feu à une Ville. Eh comment
donc trahir une femme, c'est avoir une
action glorieuse pardevers soi.

LE LIO, *guai.*

Oh parbleu, puisque tu le prends sur
ce ton-là, je te dirai que je n'ai rien à me

reprocher, & sans vanité tu vois un homme couvert de gloire.

LE CHEVALIER, *étonné & comme charmé.*

Toi mon ami ? ah je te prie donne-moi le plaisir de te regarder à mon aise, laisse-moi contempler un homme chargé de crimes si honorables ! Ah petit traître, vous êtes bienheureux d'avoir de si brillantes indignitez sur vôtre compte.

LELIO, *riant.*

Tu me charme de penser ainsi, viens que je t'embrasse, ma foi à ton tour tu m'as tout l'air d'avoir été l'écueil de bien des cœurs ; fripon, combien de réputation as-tu blessé à mort dans ta vie, combien as-tu désespéré d'Ariannes, dis ?

LE CHEVALIER.

Hélas, tu te trompes, je ne connois point d'avantures plus communes que les miennes ; j'ai toûjours eû le malheur de ne trouver que des femmes très-sages.

LELIO.

Tu n'as trouvé que des femmes très-sages, où diantre t'est-tu donc fourré, tu as fait là des découvertes bien singulieres : après cela, qu'est-ce que ces femmes-là gagnent à être si sages, il n'en est ni plus ni moins ; sommes-nous heureux, nous

le difons, ne le fommes-nous pas , nous
mentons, cela revient au même pour elle;
quant à moi ; j'ai toûjours dit plus de ve-
ritez que de menfonges.

LE CHEVALIER.

Tu traites ces matieres-là avec une le-
gereté qui m'enchante.

LELIO.

Revenons à mes affaires, quelque jour
je te dirai de mes efpiegleries, qui te feront rire. Tu eft un cadet de maifon , &
par confequent tu n'eft pas extrêmement
riche.

LE CHEVALIER.

C'eft raifonner jufte.

LELIO.

Tu eft beau & bien fait , devines à quel
deffein je t'ai engagé à nous fuivre avec
tous tes agrémens, c'eft pour te prier de
vouloir bien faire ta fortune.

LE CHEVALIER.

J'exauce ta priere. A prefent dis-moi la
fortune que je vais faire.

LELIO.

Il s'agit de te faire aimer de la Comteffe, & d'arriver à la conquête de fa main
par celle de fon cœur.

LE CHEVALIER.

Tu badine, ne sçais-je pas que tu l'aime, la Comtesse ?

LELIO.

Non, je l'aimois ces jours passez, mais j'ai trouvé à propos de ne plus l'aimer.

LE CHEVALIER.

Quoi, lorsque tu as pris de l'amour, & que tu n'en veux plus, il s'en retourne comme cela sans plus de façon, tu lui dis, va-t'en, & il s'en va ! mais mon ami tu as un cœur impayable !

LELIO.

En fait d'amour, j'en fais assez ce que je veux ; j'aimois la Comtesse parce qu'elle est aimable ; je devois l'épouser parce qu'elle est riche, & que je n'avois rien de mieux à faire ; mais dernierement pendant que j'étois à ma Terre, on m'a proposé en mariage une Demoiselle de Paris que je ne connois point, & qui me donne douze mille livres de rente ; la Comtesse n'en a que six, j'ai donc calculé que six valoient moins que douze ; oh l'amour que j'avois pour elle, pouvoit-il honnêtement tenir bon contre un calcul si raisonnable ; cela auroit été ridicule, six doivent reculer devant douze, n'est-il pas vrai ; tu ne me réponds rien.

LE CHEVALIER.

Eh, que diantre veux-tu que je réponde à une regle d'arithmetique, il n'y a qu'à sçavoir compter pour voir que tu as raison.

LELIO.

C'est cela même.

LE CHEVALIER.

Mais qu'est-ce qui t'embarasse là-dedans ? faut-il tant de cérémonie pour quitter la Comtesse. Il s'agit d'être infidelle, d'aller la trouver, de lui porter ton calcul, de lui dire ; Madame, comptez vous-même, voyez si je me trompe, voilà tout ; peut-être qu'elle pleurera, qu'elle maudira l'arithmetique, qu'elle te traitera d'indigne, de perfide ; cela pourroit arrêter un poltron, mais un brave homme comme toi, au-dessus des bagatelles de l'honneur, ce bruit-là l'amuse, il écoute, s'excuse négligemment, & se retire en faisant une réverence très-profonde en Cavalier poli, qui sçait avec quel respect il doit recevoir en pareil cas, les titres de fourbe & d'ingrat.

LELIO.

Oh, parbleu de ces titres-là j'en suis fourni, & je sçais faire la réverence ; Madame la Comtesse auroit déja reçû la mienne

ne, s'il ne tenoit plus qu'à cette politesse-
là ; mais il y a une petite épine qui m'arrê-
te ; c'est que pour achever l'achat que j'ai
fait d'une nouvelle Terre, il y a quelque
tems, Madame la Comtesse m'a prêté dix
mille écus, dont elle a mon billet.

LE CHEVALIER.

Ah tu as raison, c'est une autre affaire ;
je ne sçache point de réverence qui puisse
acquitter ce billet là ; le titre de débiteur
est bien sérieux, vois-tu ; celui d'infi-
dele n'expose qu'à des reproches, l'autre
à des assignations ; cela est different, & je
n'ai point de recette pour ton mal.

LELIO.

Patience, Madame la Comtesse croit
qu'elle va m'époufer, elle n'attend plus
que l'arrivée de son frere, & outre la fomme de dix mille écus dont elle a mon billet, nous avons encore fait antérieurement
à cela, un dédit entr'elle & moi de la même fomme, si c'est moi qui romps avec
elle, je lui devrai le billet & le dédit, &
je voudrois bien ne payer ni l'un ni l'autre, m'entens-tu ?

LE CHEVALIER.

Ah l'honnête homme ! oüi je commence à te comprendre : voici ce que c'est : si
je donne de l'amour à la Comtesse, tu crois

qu'elle aimera mieux payer le dédit en te rendant ton billet de dix mille écus, que de t'époufer, de façon que tu gagneras dix mille écus avec elle; n'eft-ce pas cela?

L E L I O.

Tu entre, on ne peut pas mieux, dans mes idées.

LE CHEVALIER.

Elles font très-ingenieufes, très lucratives, & dignes de couronner ce que tu appelle tes efpiegleries; en effet, l'honneur que tu as fait à la Comteffe en foupirant pour elle, vaut dix mille écus comme un fol.

L E L I O.

Elle n'en donneroit pas cela, fi je m'en fiois à fon eftimation.

LE CHEVALIER.

Mais crois-tu que je puiffe furprendre le cœur de la Comteffe?

L E L I O.

Je n'en doute pas.

LE CHEVALIER, *à part.*

Je n'ai pas lieu d'en douter non plus.

L E L I O.

Je me fuis apperçu qu'elle aime ta compagnie, elle te loue fouvent, te trouve de l'efprit, il n'y a qu'à fuivre cela.

LE CHEVALIER.

Je n'ai pas une grande vocation pour ce mariage là.

LELIO.

Pourquoi ?

LE CHEVALIER.

Par mille raisons, parce que je ne pourrai jamais avoir de l'amour pour la Comtesse ; si elle ne vouloit que de l'amitié, je serois à son service ; mais n'importe.

LELIO.

Eh, qui est-ce qui te prie d'avoir de l'amour pour elle ? Est-il besoin d'aimer sa femme, si tu ne l'aime pas, tampis pour elle, ce sont ses affaires, & non pas les tiennes.

LE CHEVALIER.

Bon, mais je croyois qu'il falloit aimer sa femme, fondé sur ce qu'on vivoit mal avec elle, quand on ne l'aimoit pas.

LELIO.

Eh, tant mieux, quand on vit mal avec elle, cela vous dispense de la voir, c'est autant de gagné.

LE CHEVALIER.

Voilà qui est fait, me voilà prêt à exécuter ce que tu souhaitte, si j'épouse la Comtesse, j'irai me fortifier avec le brave Lelio dans le dédain qu'on doit à son épouse.

LELIO.

Je t'en donnerai un vigoureux exemple, je t'en assure : crois tu par exemple,
que j'aimerai la Demoiselle de Paris, moi?
une quinzaine de jours tout au plus, après
quoi, je croi que j'en serai bien las.

LE CHEVALIER.

Eh, donne-lui le mois tout entier à cette pauvre femme, à cause de ses douze
mille livres de rente.

LELIO.

Tant que le cœur m'en dira.

LE CHEVALIER.

Ta-t'on dit qu'elle fut jolie ?

LELIO.

On m'écrit qu'elle est belle, mais de
l'humeur dont je suis, cela ne l'avance
pas de beaucoup, si elle n'est pas laide,
elle le deviendra, puisqu'elle sera ma femme, cela ne peut pas lui manquer.

LE CHEVALIER.

Mais dis-moi, une femme se dépite
quelquefois.

LELIO.

En ce cas là, j'ai une Terre écartée qui
est le plus beau désert du monde, où Madame iroit calmer son esprit de vengeance.

LE CHEVALIER.

Oh, dès que tu as un désert, à la bonne

heuré, voilà fon affaire ; diantre, l'ame fe tranquilife beaucoup dans une folitude, on y joüit d'une certaine mélancolie, d'une douce triftefle, d'un repos de toutes les couleurs, elle n'aura qu'à choifir.

LELIO.

Elle fera la maîtreffe.

LE CHEVALIER.

L'heureux temperament ! mais j'aperçois la Comteffe : je te recommande une chofe ; feint toûjours de l'aimer, fi tu te montrois inconftant, cela intereffería fa vanité, elle courroit après toi, & me laifferoit là.

LELIO, *dit.*

Je me gouvernerai bien, je vais au devant d'elle. *Il va au-devant de la Comteffe qui ne paroît pas encore, & pendant qu'il y va,*

LE CHEVALIER, *dit.*

Si j'avois époufé le Seigneur Lelio, je ferois tombée en de bonnes mains ; donner douze mille livres de rente pour acheter le féjour d'un defert; oh vous êtes trop cher Monfieur Lelio, & j'aurai mieux que cela au même prix ; mais puifque je fuis en train, continuons pour me divertir, & punir ce fourbe là, & pour en débaraffer la Comteffe.

LELIO, *à la Comtesse en entrant.*

J'attendois nos Muſiciens, Madame ;
& je cours les preſſer moi-même, je vous
laiſſe avec le Chevalier ; il veut nous quitter , ſon ſéjour ici l'embaraſſe , je crois
qu'il vous craint, cela eſt de bon ſens,& je
ne m'en inquiette point, je vous connois,
mais il eſt mon ami , notre amitié doit du-
rer plus d'un jour, & il faut bien qu'il ſe
faſſe au danger de vous voir, je vous prie
de le rendre plus raiſonnable, je reviens
dans l'inſtant.

SCENE VI.

LA COMTESSE, LE CHEVALIER.

LA COMTESSE.

QUoi, Chevalier, vous prenez de pareils pretextes pour nous quitter ? ſi
vous nous diſiez les véritables raiſons qui
preſſent votre retour à Paris, on ne vous
retiendroit peut-être pas.

LE CHEVALIER.

Mes véritables raiſons, Comteſſe, ma
foi Lelio vous les a dites.

LA COMTESSE.

Comment ? que vous vous défiez de votre cœur auprès de moi.

LE CHEVALIER.

Moi, m'en défier, je m'y prendrois un
peu tard ; est-ce que vous m'en avez donné le tems ? non , Madame, le mal est fait,
il ne s'agit plus que d'en arrêter le pro-
grès.

LA COMTESSE, *riant*.

En verité Chevalier, vous êtes bien à
plaindre , & je ne sçavois pas que j'étois
si dangereuse.

LE CHEVALIER.

Oh que si, je ne vous dis rien là dont
tous les jours votre miroir ne vous accuse
d'être capable; il doit vous avoir dit que
vous aviez des yeux qui violeroient l'hos-
pitalité avec moi, si vous m'ameniez ici.

LA COMTESSE.

Mon miroir ne me flatte pas, Chevalier.

LE CHEVALIER.

Parbleu je l'en défie, il ne vous prête-
ra jamais rien, la nature y a mis bon ordre, & c'est elle qui vous a flattée.

LA COMTESSE.

Je ne vois point que ce soit avec tant
d'excès.

LE CHEVALIER.

Comtesse, vous m'obligeriez beaucoup de me donner votre façon de vóir; car avec la mienne, il n'y a pas moyen de vous rendre justice.

LA COMTESSE, *riant.*

Vous êtes bien galant.

LE CHEVALIER.

Ah, je suis mieux que cela, ce ne feroit là qu'une bagatelle.

LA COMTESSE.

Cependant ne vous gênez point, Chevalier, quelque inclination sans doute vous rappelle à Paris, & vous vous ennuiriez avec nous.

LE CHEVALIER.

Non, je n'ai point d'inclination à Paris, si vous n'y venez pas, *il lui prend la main*; à l'égard de l'ennui, si vous sçaviez l'art de m'en donner auprès de vous, ne me l'épargnez pas, Comtesse, c'est un vrai présent que vous me ferez, ce sera même une bonté; mais cela vous passe, & vous ne donnez que de l'amour : voilà tout ce que vous sçavez faire.

LA COMTESSE.

Je le fais assez mal.

SCENE

SCENE VII.

LA COMTESSE, LE CHEVALIER, LELIO, &c.

LELIO.

NOus ne pouvons avoir notre divertissement que tantôt, Madame, mais en revanche voici une nôce de Village dont tous les Acteurs viennent pour vous divertir. *Au Chevalier.* Ton Valet & le mien sont à la tête, & mennent le branle.

DIVERTISSEMENT.

LE CHANTEUR.

CHantons tous l'agriable emplette
Que Lucas a fait de Colette,
Qu'il est heureux ce garçon là !
J'aimerois bien le mariage
Sans un petit défaut qu'il a.
Par lui la fille la plus sage,

Zeſte vous vient entre les bras,
Et boute, & garre, allons courage,
Rien n'eſt ſi biau que le traca
Des fins premiers jours du ménage,
Mais morgué ça ne dure pas
Le cœur vous faille, & c'eſt dommage.

UN PAYSAN.

Que dis-tu gente Mathurine,
De cette nôce que tu vois ;
T'agace t'elle un peu pour moi
Il me ſemble voir à ta mine
Que tu ſens un je ne ſçai quoi.
L'ami Lucas & la couſine,
Rirons tant qu'ils pourront tous deux
Tu ſe gauſſant des médiſeux ;
Dis la verité Mathurine,
Ne ſerois-tu pas bien comme eux ?

MATHURINE.

Voyez le biau diſcours à faire
De demander en pareil-cas,
Que fais-tu, que ne fais-tu pas ?
Eh Colin, ſans tant de myſtere
Marions-nous, tu le ſçauras:
A preſent ſi j'étois ſincere
Je vais ſouvent dans le valon,
Tn m'y ſuivrois malin garçon
On n'y trouve point de Notaire
Mais on y trouve du gazon.

ON DANSE.

BRANLE.

QUe l'on dise tout ce qu'on voudra
    Tout cy, tout ça
Je veux tâter du mariage
En arrive ce qui pourra
    Tout cy, tout ça.
Par la sangué j'ons bon courage
Ce courage, dit-on s'en va
    Tout cy, tout ça.
Morguenne il faut voir cela,
Ma Claudine un jour me conta
    Tout cy, tout ça.
Que sa mere en couroux contre elle
Lui défendoit qu'elle m'aima,
    Tout cy, tout ça.
Mais aussi-tôt me dit la belle,
Entrons dans ce boccage là,
    Tout cy, tout ça.
Nous verrons ce qu'il en sera ?

Quand elle y fut elle chanta,
    Tour cy, tout ça
Berger dis moi que ton cœur m'aime
Et le mien aussi te dira
    Tout cy, tout ça

Combien son amour est extrême
Après elle me regarda.
    Tout cy, tout ça,
D'un doux regard qui m'acheva.

Mon cœur à son tour lui chanta
    Tout cy, tout ça,
Une chanson qui fut si tendre,
Que cent fois elle soupira
    Tout cy, tout ça
Du plaisir qu'elle eût de m'entendre.
Ma Chanson tant recommença
    Tout cy, tout ça
Tant qu'enfin la voix me manqua.

Fin du premier Acte.

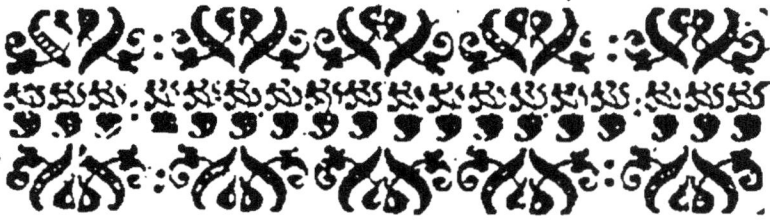

ACTE SECOND.

SCENE PREMIERE.

TRIVELIN, *seul.*

ME voici comme de moitié dans une intrigue affez douce, & d'un affez bon rapport, car il m'en reviens déja de l'argent & une Maîtreffe ; ce beau commencement là promet encore une plus belle fin : or, moi qui fuis un habile homme, eft-il naturel que je refte ici les bras croifez, ne ferai-je rien qui hâte le fuccès du projet de mä chere fuivante? Si je difois au Seigneur Lelio que le cœur de la Comteffe commence à capituler pour le Chevalier, il fe dépiteroit plus vîte, & partiroit pour Paris où on l'attend, je lui ai déja témoigné que je fouhaitterois avoir l'honneur de lui parler ; mais le voilà qui

s'entretient avec la Comtesse , attendons
qu'il ait fait avec elle.

SCENE II.

LELIO , LA COMTESSE. *Ils entrent
tous deux comme continuant de se parler.*

LA COMTESSE.

NOn , Monsieur , je ne vous comprens point , vous liez amitié avec le
Chevalier , vous me l'amenez , & vous
voulez ensuite que je lui fasse mauvaise
mine : Qu'est-ce que c'est que cette idée
là ? vous m'avez dit vous-même que c'é-
toit un homme aimable , amusant , & effectivement j'ai jugé que vous aviez raison.

LELIO , *repetant un mot.*

Effectivement. Cela est donc bien ef-
fectif ? eh bien je ne sçais que vous dire ,
mais voilà un effectivement qui ne devroit
pas se trouver là , par exemple.

LA COMTESSE.

Par malheur il s'y trouve.

LELIO.

Vous me raillez, Madame.

LA COMTESSE.

Voulez-vous que je respecte votre antipatie pour effectivement ? est-ce qu'il
n'est pas bon François, l'a-t'on proscrit
de la langue ?

LELIO.

Non, Madame, mais il marque que
vous êtes un peu trop persuadée du mérite
du Chevalier.

LA COMTESSE.

Il marque cela ? oh il à tort, & le procès que vous lui faites est raisonnable, mais
vous m'avoüerez qu'il n'y a pas de mal à
sentir suffisamment le mérite d'un homme
quand le mérite est réel, & c'est comme
j'en use avec le Chevalier.

LELIO.

Tenez, sentir est encore une expression
qui ne vaut pas mieux ; sentir est trop,
c'est connaître qu'il faudroit dire.

LA COMTESSE.

Je suis d'avis de ne dire plus mot, &
d'attendre que vous m'ayez donné la liste
des termes sans reproches que je dois em-
ployer, je crois que c'est le plus court, il

n'y a que ce moyen là qui puisse me mettre en état de m'entretenir avec vous.

LELIO.

Eh Madame, faites grace à mon amour.

LA COMTESSE.

Supportez donc mon ignorance, je ne
sçavois pas la difference qu'il y avoit entre
connoître & sentir.

LELIO.

Sentir, Madame, c'est le stile du cœur,
& ce n'est pas dans ce stile là que vous
devez parler du Chevalier.

LA COMTESSE.

Ecoutez le, vôtre ne m'amuse point, il
est froid, il me glace, & si vous voulez
même, il me rebute.

LELIO, à part.

Bon, je retirerai mon billet.

LA COMTESSE.

Quittons-nous, croyez-moi, je parle
mal, vous ne me répondez pas mieux,
cela ne fait pas une conversation amu-
sante.

LELIO.

Allez-vous rejoindre le Chevalier?

LA COMTESSE.

Lelio, pour prix des leçons que vous
venez de me donner, je vous avertis, moi,
qu'il y a des momens où vous feriez bien
de

ne pas vous montrer, entendez-vous.

LELIO.

Vous me trouvez-donc bien insupor-
table?

LA COMTESSE.

Epargnez-vous ma réponse ; vous auriez à vous plaindre de la valeur de mes
termes, je le sens bien.

LELIO.

Et moi je sens que vous vous retenez,
vous me diriez de bon cœur que vous me
haïssez.

LA COMTESSE.

Non, mais je vous le dirai bien-tôt,
si cela continuë, & cela continuëra sans
doute.

LELIO.

Il semble que vous le souhaittez.

LA COMTESSE.

Hum, vous ne feriez-pas languir mes
souhaits.

LELIO, *d'un air fâché & vif.*
Vous me désolez, Madame.

LA COMTESSE.

Je me retiens, Monsieur, je me retiens,
Elle veut s'en aller.

LELIO.

Arrêtez, Comtesse, vous m'avez fait

E

l'honneur d'accorder quelque retour à ma tendresse.

LA COMTESSE.

Ah le beau détail où vous entrez-là.

LELIO.

Le dédit même qui est entre nous. . . .

LA COMTESSE, *fâchée*.

Eh bien, ce dédit vous chagrine, il n'y a qu'à le rompre, que ne me disiez-vous cela sur le champ, il y a une heure que vous biaisez pour arriver là.

LELIO.

Le rompre, j'aimerois mieux mourir, ne m'assure t'il pas votre main ?

LA COMTESSE.

Et qu'est-ce que c'est que ma main sans mon cœur ?

LELIO.

J'espere avoir l'un & l'autre.

LA COMTESSE.

Pourquoi me déplaisez-vous donc.

LELIO.

En quoi donc ai-je pû vous déplaire ? vous auriez de la peine à le dire vous-même.

LA COMTESSE.

Vous êtes jaloux, premierement.

LELIO.

Eh morbleu, Madame, quand on aime. . . . .

LA COMTESSE.

Ah quel emportement !

LELIO.

Peut-on s'empêcher d'être jaloux, autrefois vous mereprochiez que je ne l'é-
tois pas affez, vous me trouviez trop tran-
quille ; me voici inquiet, & je vous déplaît.

LA COMTESSE.

Achevez, Monfieur, concluez que je
fuis une capricieufe, voilà ce que vous
voulez dire, je vous entends bien ; le compliment que vous me faites eft digne de
l'entretien dont vous me régalez depuis
une heure, & après cela vous me deman-
derez en quoi vous me déplaifez ; ah l'é-
trange caractere !

LELIO.

Mais, je ne vous appelle pas capricieufe, Madame ; je dis feulement que vous
vouliez que je fuffe jaloux ; aujourd'hui je
le fuis, pourquoi le trouvez-vous mauvais ?

LA COMTESSE.

Eh bien, vous direz encore que vous ne
m'appellez-pas fantafque ?

Eij

LELIO.

De grace répondez.

LA COMTESSE.

Non, Monsieur, on n'a jamais dit à une femme ce que vous me dites-là, & je n'ai vû que vous dans la vie qui m'ayez trouvé si ridicule.

LELIO, *regardant autour de lui.*

Je chercherois volontiers à qui vous parlez, Madame, car ce discours là ne peut pas s'adresser à moi.

LA COMTESSE.

Fort bien, me voilà devenuë visionnaire à present, continuez, Monsieur, continuez, vous ne voulez-pas rompre le dédit, cependant c'est moi qui ne veut plus, n'est-il pas vrai?

LELIO.

Que d'industrie pour vous sauver d'une question fort simple, à laquelle vous ne pouvez répondre.

LA COMTESSE.

Oh, je n'y sçaurois tenir, capricieuse, ridicule, visionnaire & de mauvaise foi, le portrait est flateur; je ne vous connoissois-pas, Monsieur Lelio, je ne vous connoissois-pas; vous m'avez trompée; je vous passerois de la jalousie, je ne parle-pas de la

vôtre, elle n'eſt pas ſupportable, c'eſt une
jalouſie terrible, odieuſe, qui vient du
fond du temperamment, du vice de votre
eſprit ; ce n'eſt pas délicateſſe chez vous,
c'eſt mauvaiſe humeur naturelle, c'eſt preciſément caractere ; oh ce n'eſt pas là la
jalouſie que je vous demandois, je voulois
une inquiétude douce qui à ſa ſource dans
un cœur timide & bien touché, & qui
n'eſt qu'une loüable méfiance de ſoi-mê-
me ; avec cette jalouſie là, Monſieur, on
ne dit point d'invectives aux perſonnes
que l'on aime ; on ne les trouve ni ridicu-
les, ni fourbes, ni fantaſques ; on craint
ſeulement de n'être pas toûjours aimé,
parce qu'on ne croit pas être digne de l'ê-
tre. Mais cela vous paſſe, ces ſentimens-là
ne-ſont pas du reſſort d'une ame comme
la vôtre ; chez vous, c'eſt des emporte-
mens, des fureurs, ou pur artifice ; vous
ſoupçonnez injurieuſement, vous manquez d'eſtime, de reſpect, de ſoumiſſion ;
vous vous appuyez ſur un dédit, vous fon-
dez vos droits ſur des raiſons de contrain-
tes : un dédit, Monſieur Lelio, des ſoup-
çons, & vous appellez cela de l'amour ?
c'eſt un amour à faire peur. Adieu.

LELIO.
Encore un mot, vous êtes en colere,

mais vous reviendrez, car vous m'estimez dans le fond.

LA COMTESSE.

Soit, j'en estime tant d'autres, je ne regarde pas cela comme un grand mérite d'être estimable, on n'est que ce qu'on doit être.

LELIO.

Pour nous accommoder, accordez-moi une grace, vous m'êtes chere, le Chevalier vous aime, ayez pour lui un peu plus de froideur, insinuez-lui qu'il nous laisse, qu'il s'en retourne à Paris.

LA COMTESSE.

Lui insinuer qu'il nous laisse, c'est-à-dire lui glisser tout doucement une impertinence qui me fera tout doucement passer dans son esprit pour une femme qui ne sçait pas vivre; non, Monsieur, vous m'en dispenserez, s'il vous plaît; toute la subtilité possible n'empêchera pas un compliment d'être ridicule quand il l'est; vous me le prouvez par le vôtre; c'est un avis que je vous insinuë tout doucement, pour vous donner un petit essai de ce que vous appellez maniere insinuante. *Elle se retire.*

SCENE III.

LELIO, *un moment seul, & en riant.*

ALlons, allons, cela va très-ronde-
ment, j'épouserai les douze mille
livres de rente ; mais voilà le Valet du
Chevalier. *à Trivelin.* Il m'a paru tantôt
que tu avois quelque chose à me dire.

SCENE IV.

LELIO, TRIVELIN.

TRIVELIN.

OUi, Monsieur, pardonnez à la li-
berté que je prens. L'équipage où je
suis ne prévient pas en ma faveur, cependant tel que vous me voyez, il y a là dedans le cœur d'un honnête homme, avec
une extrême inclination pour les honnêtes gens.

LELIO.

Je le crois.

TRIVELIN.

Moi-même, & je le dis avec un souvenir modeste, moi-même autrefois, j'ai été du nombre de ces honnêtes gens ; mais vous sçavez, Monsieur, à combien d'accidens nous sommes sujets dans la vie ; le sort m'a joüé, il en a joüé bien d'autres, l'histoire est remplie du recit de ses mauvais tours, Princes, Heros, il a tout mal mené, & je me console de mes malheurs avec de tels confreres.

LELIO.

Tu m'obligerois de retrancher tes reflexions, & de venir au fait.

TRIVELIN.

Les infortunez sont un peu babillards, Monsieur, ils s'attendrissent aisément sur leurs avantures ; mais je coupe court, & ce petit préambule me servira, s'il vous plaît, à m'attirer un peu d'estime, & donnera du poids à ce que je vais vous dire.

LELIO.

Soit.

TRIVELIN.

Vous sçavez que je fais la fonction de domestique auprès de Monsieur le Chevalier.

LELIO.

Oüi.

TRIVELIN.

Je ne demeurerai pas long-tems avec
lui, Monsieur, son caractere donne trop
de scandale au mien.

LELIO.

Eh, que lui trouves-tu de mauvais ?

TRIVELIN.

Que vous êtes different de lui, à peine
vous ai-je vû, vous ai-je entendu parler,
que j'ai dit en moi-même ; Ah quelle ame
franche, que de netteté dans ce cœur-là !

LELIO.

Tu vas encore t'amuser à mon éloge, &
tu ne finiras point.

TRIVELIN.

Monsieur, la vertu vaut bien une petite
parenthese en sa faveur.

LELIO.

Venons donc au reste à present.

TRIVELIN.

De grace souffrez qu'auparavant nous
convenions d'un petit article.

LELIO.

Parle.

TRIVELIN.

Je suis fier, mais je suis pauvre, quali-
tez comme vous jugez bien, très-difficiles

à accorder l'une avec l'autre, & qui pourtant ont la rage de se trouver presque toûjours ensemble; voilà ce qui me passe.

LELIO.

Poursuis, à quoi nous mene ta fierté & ta pauvreté ?

TRIVELIN.

Elles nous mennent à un combat qui se passe entr'elles : la fierté se défend d'abord à merveilles, mais son ennemie est bien pressante; bientôt la fierté plie, recule, fuit, & laisse le champ de bataille à la pauvreté qui ne rougit de rien, & qui sollicite en ce moment votre liberalité.

LELIO.

Je t'entends, tu me demande quelque argent pour récompense de l'avis que tu vas me donner.

TRIVELIN.

Vous y êtes; les ames genereuses ont cela de bon, qu'elles devinent ce qu'il vous faut,& vous épargnent la honte d'expliquer vos besoins : que cela est beau !

LELIO.

Je consens à ce que tu demande, à une condition à mon tour; c'est que le secret que tu m'apprendras, vaudra la peine d'être payé, & je serai de bonne foi là-dessus, dis à present.

TRIVELIN.

Pourquoi faut-il que la rareté de l'argent ait ruiné la generosité de vos pareils. Quelle misere! mais n'importe, votre équité me rendra ce que votre œconomie me retranche, & je commence. Vous croyez le Chevalier, votre intime & fidele ami, n'est-ce pas ?

LELIO.

Oüi sans doute.

TRIVELIN.

Erreur.

LELIO.

En quoi donc ?

TRIVELIN.

Vous croyez que la Comtesse vous aime toûjours.

LELIO.

J'en suis persuadé.

TRIVELIN.

Erreur, trois fois erreur.

LELIO.

Comment?

TRIVELIN.

Oüi, Monsieur, vous n'avez ni ami, ni Maîtresse ; quel brigandage dans ce monde ! La Comtesse ne vous aime plus, le Chevalier vous a escamoté son cœur, il l'aime, il en est aimé, c'est un fait je le sçais,

je l'ai vû , je vous en avertis , faites-en votre profit & le mien.

L E L I O.

Eh dis-moi , as-tu remarqué quelque
chose qui te rende sûr de cela ?

T R I V E L I N.

Monsieur , on peut se fier à mes obser-
vations , tenez je n'ai qu'à regarder une
femme entre deux yeux , je vous dirai ce
qu'elle sent , & ce qu'elle sentira , le tout
à une virgule près. Tout ce qui se passe
dans son cœur s'écrit sur son visage , &
j'ai tant étudié cette écriture là , que je la
lis tout aussi couramment que la mienne ;
par exemple , tantôt pendant que vous
vous amusiez dans le Jardin à cuëillir des
fleurs pour la Comtesse , je raccommodois
près d'elle une palissade , & je voyois le
Chevalier sautillant , rire , & folârrer avec
elle. Que vous êtes badin , lui disoit-elle,
en souriant négligemment à ses enjoüe-
mens ; tout autre que moi n'auroit rien remarqué dans ce sourire-là , c'étoit un chi-
fre ; sçavez-vous ce qu'il signifioit ? Que
vous m'amusez agréablement , Chevalier,
que vous êtes aimable dans vos façons ,
ne sentez-vous pas que vous me plaisez ?

L E L I O.

Cela est bon , mais rapporte-moi quel-

que chofe que je puiffe expliquer, moi,
qui ne fuis pas fi fçavant que toi.

TRIVELIN.

En voici qui ne demande nulle condition. Le Chevalier continuoit, lui voloit
quelques baifers, dont on fe fâchoit, &
qu'on n'efquivoit pas. Laiffez-moi donc,
difoit-elle, avec un vifage indolent, qui
ne faifoit rien pour fe tirer d'affaires, qui
avoit la pareffe de refter expofé à l'injure;
mais en verité vous n'y fongez-pas, ajoû-
toit-elle enfuite : & moi tout en racom-
modant ma paliffade, j'expliquois ce *vous
n'y fongez-pas*, & ce *laiffez-moi donc*, &
je voyois que cela vouloit dire, courage
Chevalier, encore un baifer fur le même
ton, furprenez-moi toûjours afin de fau-
ver les bien-féances, je ne dois confentir
à rien ; mais fi vous êtes adroit je n'y fçaurois que faire, ce ne fera pas ma faute.

L E L I O:

Oüida, c'eft quelque chofe que des baifers.

TRIVELIN.

Voici le plus touchant. Ah la belle
main, s'écria-t'il enfuite, fouffrez que je
l'admire. Il n'eft pas néceffaire. De grace.
Je ne veux point. Ce nonobftant la main
eft prife, admirée, careffée, cela va tout

de ſuite ; arrêtez-vous : point de nouvelles. Un coup d'Eventail part la-deſſus ,
coup galant qui ſignifie, ne lâchez point,
l'Eventail eſt ſaiſi : nouvelles pirateries
ſur la main qu'on tient ; l'autre vient à
ſon ſecours ; autant de pris encore par
l'ennemi : mais je ne vous comprens point,
finiſſez-donc ; vous en parlez bien à votre
aiſe , Madame. Alors la Comteſſe de s'em-
baraſſer , le Chevalier de la regarder ten-
drement : elle de rougir ; lui de s'animer,
elle de ſe fâcher ſans colere , lui de ſe jetter à ſes genoux ſans repentance , elle de
pouſſer honteuſement un demi ſoupir , lui
de ripoſter effrontement par un tout entier, & puis vient du ſilence, & puis des
regards qui ſont bien tendres, & puis d'autres qui n'oſent pas l'être, & puis . . . .
qu'eſt-ce que cela ſignifie, Monſieur.
Vous le voyez-bien, Madame : levez vous
donc , me pardonnez-vous ? Ah je ne ſçai.
Le procès en étoit là quand vous êtes venu , mais je crois maintenant les parties
d'accord, qu'en dîtes-vous ?

LELIO.

Je dis que ta découverte commence à
prendre forme.

TRIVELIN.

Commence à prendre forme, & juſ-

qu'où prétendez vous donc que je la con-
duise pour vous persuader? Je désespere
de la pousser jamais plus loin ; j'ai vû l'a-
mour naissant, quand il sera grand garçon
j'aurai beau l'attendre auprès de la palissade, au diable s'il y vient badiner ; or il
grandira au moins, s'il n'est déja grandi,
car il m'a paru aller bon train, le gaillard.

LELIO.
Fort bon train ma foi.

TRIVELIN.
Que dites-vous de la Comtesse, ne l'au-
riez-vous pas épousé sans moi ? si vous
aviez vû de quel air elle abandonnoit sa
main blanche au Chevalier.

LELIO.
En verité, te paroissoit-il qu'elle y prit
goût ?

TRIVELIN.
Oüi, Monsieur, *à part*. On diroit qu'il
y en prend aussi lui. *à Lelio.* Eh bien ,
trouvez-vous que mon avis mérite sa-
laire ?

LELIO.
Sans difficulté. Tu es un coquin.

TRIVELIN.
Sans difficulté, tu es un coquin : voilà
un prélude de reconnoissance bien bizarre!

LELIO.

Le Chevalier te donneroit cent coup
de bâton ſi je lui diſois que tu le trahis,
oh ces coups de bâton que tu mérite,
ma bonté te les épargne. Je ne dirai mot.
Adieu, tu dois être content, te voilà
payé. *Il s'en va.*

TRIVELIN.

Je n'avois jamais vû de monnoye fra-
pée à ce coin là. Adieu, Monſieur, je ſuis
votre ſerviteur, que le Ciel veüille vous
combler des faveurs que je mérite. De
toutes les grimaces que m'a fait la fortune , voilà cette la plus comique ! me
payer en exemption de coups de bâton , c'eſt ce qu'on appelle faire argent
de tout. Je n'y comprens rien , je lui dis
que ſa Maîtreſſe le plante là , il me demande ſi elle y prend goût. Eſt-ce que
notre faux Chevalier m'en feroit accroi-
re ? Et ſeroient - ils tous deux meilleurs
amis que je ne penſe. Interrogeons un peu
Arlequin là-deſſus.

SCENE

SCENE V.

ARLEQUIN, TRIVELIN.

TRIVELIN.

AH te voilà, où vas-tu ?

ARLEQUIN.

Voir s'il y a des Lettres pour mon Maître.

TRIVELIN.

Tn me paroît occupé, à quoi: est-ce que
tu rêve ?

ARLEQUIN.

A des loüis d'or.

TRIVELIN.

Diantre, tes reflexions sont de riche
étoffe.

ARLEQUIN.

Et je te cherchois aussi pour te parler.

TRIVELIN.

Et que veux-tu de moi ?

ARLEQUIN.

T'entretenir de loüis d'or.

F

TRIVELIN.

Encore des loüis d'or, mais tu as une mine d'or dans ta tête.

ARLEQUIN.

Dis-moi, mon ami, où as-tu pris toutes ces piftolles que je t'ai vû tantôt tirer de ta poche pour payer la bouteille de vin que nous avons bû au cabaret du Bourg, je voudrois bien fçavoir le fecret que tu as pour en faire.

TRIVELIN.

Mon ami, je ne pourrai gueres te donner le fecret d'en faire, je n'ai jamais poffedé que le fecret de le dépenfer.

ARLEQUIN.

Oh, j'ai auffi un fecret qui eft bon pour cela, moi, je l'ai appris au cabaret en perfection.

TRIVELIN.

Oüida, on fait fon affaire avec du vin, quoique lentement, mais en y joignant une pincée d'inclination pour le beau fexe, on réüffit bien autrement.

ARLEQUIN.

Ah le beau fexe, on ne trouve point de cet ingredien-là ici.

TRIVELIN.

Tu n'y demeureras pas toûjours, mais de grace inftruis-moi d'une chofe à ton

tour : ton Maître & Monsieur lé Chevalier s'aiment-ils beaucoup ?

ARLEQUIN.

Oüi.

TRIVELIN.

Fy. Se témoignent-ils de grands em-
preſſemens, ſe font-ils beaucoup d'amitié?

ARLEQUIN.

Ils ſe diſent, comment te porte-tu ? à
ton ſervice, & moi auſſi, j'en ſuis bien
aiſe ; après cela ils dînent & ſoupent enſemble, & puis bon ſoir, je te ſouhaitte
une bonne nuit, & puis ils ſe couchent,
& puis ils dorment, & puis le jour vient:
eſt-ce que tu veux qu'ils ſe diſent des inju-
res ?

TRIVELIN.

Non, mon ami, c'eſt que j'avois quelque petite raiſon de te demander cela, par
rapport à quelque avanture qui m'eſt arrivée ici.

ARLEQUIN.

Toi.

TRIVELIN.

Oüi, j'ai touché le cœur d'une aimable
perſonne, & l'amitié de nos Maîtres pro-
longera notre ſéjour ici.

ARLEQUIN.

Et où eſt-ce que cette rare perſonne-

là habite avec son cœur ?
TRIVELIN.
Ici te dis-je : mal-peste, c'est une affai-
re qui m'est de conséquence.
ARLEQUIN.
Quel plaisir ! elle est jeune ?
TRIVELIN.
Je lui crois dix-neuf à vingt ans.
ARLEQUIN.
Ah le tendron ! elle est jolie ?
TRIVELIN.
Jolie ! qu'elle maigre épitete, vous lui
manquez de respect ; sçachez qu'elle est
charmante, adorable, digne de moi.
ARLEQUIN, *touché.*
Ah mamour, friandise de mon ame !
TRIVELIN.
Et c'est de sa main mignonne que je
tiens ces loüis d'or dont tu parles, & que
le don qu'elle m'en a fait me rend si pré-
cieux.
ARLEQUIN, *â ce mot laisse aller*
ses bras.
Je n'en puis plus.
TRIVELIN, *à part.*
Il me divertit, je veux le pousser jus-
qu'à l'évanoüissement. Ce n'est pas le tout
mon ami ; ses discours ont charmé mon
cœur ; de la maniere dont elle m'a peint,

j'avois honte de me trouver si aimable.
M'aimerez-vous, me difoit-elle, puis-je
compter fur votre cœur ?

ARLEQUIN, *tranfporté.*
Oüi ma Reine.

TRIVELIN.
A qui parles-tu ?

ARLEQUIN.
A elle, j'ai cru qu'elle m'interrogeoit.

TRIVELIN, *riant.*
Ah, ah, ah, pendant qu'elle me parloit, ingenieufe à me prouver fa tendreffe, elle foüilloit dans fa poche pour en tirer cet or qui fait mes délices. Prenezï,
m'a-t'elle dit en me le gliffantdans la main,
& comme poliment j'ouvrois ma main
avec lenteur; prenez-donc, s'eft-elle écriée,
ce n'eft là qu'un échantillon du Coffre
fort que je vous deftine ; alors je me fuis
rendu; car un échantillon ne fe refufe
point.

ARLEQUIN, *jette fa bate & fa ceintu-
re à terre, & fe jettant à genoux, il dit.*
Ah mon ami, je tombe à tes pieds pour
te fupplier en toute humilité, de me montrer feulement la face royale de cette in-
comparable fille, qui donne un cœur &
des loüis d'or du Perou avec ; peut-êtze
me fera-t'elle auffi prefent de quelque é-

chantillon, je ne veux que la voir, l'admirer, & puis mourir content.

TRIVELIN.

Cela ne se peut pas mon enfant, il ne
faut pas regler tes esperances sur mes avantures ; vois-tu bien, entre le Baudet & le
Cheval d'Espagne, il y a quelque difference.

ARLEQUIN.

Hélas, je te regarde comme le premier
Cheval du monde.

TRIVELIN·

Tu abuse de mes comparaisons, je te
permets de m'estimer, Arleqnin, mais ne
me louë jamais.

ARLEQUIN.

Montre-moi donc cette fille ?

TRIVELIN.

Cela ne se peut pas, mais je t'aime,&
tu te sentiras de ma bonne fortune, dès
aujourd'hui je te fonde une bouteille de
Bourgogne pour autant de jours que nous
serons ici.

ARLEQUIN, *demi pleurant*.

Une bouteille par jour, cela fait tren-
te bouteilles par mois, pour me consoler
dans ma douleur ; donnes-moi en argent
la fondation du premier mois.

TRIVELIN.

Mon fils, je suis bien aise d'assister à chaque payement.

ARLEQUIN, *en s'en allant & pleurant.*

Je ne verrai donc point ma Reine, où êtes-vous donc petit loüis d'or de mon ame ; hélas je m'en vais vous chercher par tout, hi, hi, hi, hi. *Et puis d'un ton net ;* Veux-tu aller boire le premier mois de fondation ?

TRIVELIN.

Voilà mon Maître, je ne sçaurois, mais va m'attendre. *Arlequin s'en va en recommençant hi, hi, hi, hi.*

SCENE VI.

TRIVELIN, *un moment seul.*

JE lui ai renversé l'esprit, ha, ha, ha, ha, le pauvre garçon, il n'est pas digne d'être associé à notre intrigue.

LE CHEVALIER *vient, & Trivelin dit.*

Ah, vous voilà Chevalier sans pareil,

eh bien notre affaire va-t'elle bien?

LE CHEVALIER *comme en colere.*

Fort bien, Mons Trivelin, mais je vous cherchois pour vous dire que vous ne valez rien.

TRIVELIN.

C'est bien peu de chose que rien, & vous me cherchiez tout exprès pour me dire cela?

LE CHEVALIER.

En un mot tu est un coquin.

TRIVELIN.

Vous voilà dans l'erreur de tout le monde.

LE CHEVALIER.

Un fourbe de qui je me vengerai.

TRIVELIN.

Mes vertus ont cela de malheureux, qu'elles n'ont jamais été connuës de personne.

LE CHEVALIER.

Je voudrois bien sçavoir de quoi vous vous mêlez, d'aller dire à Monsieur Lelio que j'aime la Comtesse.

TRIVELIN.

Comment, il vous a rapporté ce que je lui ai dit?

LE CHEVALIER.

Sans doute.

TRIVELIN.

Vous me faites plaisir de m'en avertir ; pour payer mon avis il avoit promis de se taire, il a parlé, la dette subsiste.

LE CHEVALIER.

Fort bien. C'étoit donc pour tirer de l'argent de lui, Monsieur le faquin ?

TRIVELIN.

Monsieur le faquin. Retranchez ces petits agrémens-là de votre discours, ce sont des fleurs de Rethorique qui m'entêtent; e voulois avoir de l'argent, cela est vrai.

LE CHEVALIER.

Eh! ne t'en avois-je pas donné ?

TRIVELIN.

Ne l'avois-je pas pris de bonne grace ? de quoi vous plaignez-vous, votre argent est-il insociable ? ne pouvoit-il pas s'accommoder avec celui de Monsieur Lelio ?

LE CHEVALIER.

Prens-y garde, si tu retombe encore dans la moindre impertinence, j'ai une Maîtresse qui aura soin de toi, je t'en assure.

TRIVELIN.

Arrêtez, ma discretion s'affoiblit, je l'avouë, je la sens infirme, il sera bon de la rétablir par un baiser ou deux.

G

LE CHEVALIER.

Non.

TRIVELIN.

Convertiſſons donc cela en autre choſe.

LE CHEVALIER.

Je ne ſçaurois.

TRIVELIN.

Vous ne m'entendez point, je ne puis me réſoudre à vous dire le mot de l'énigme. *Le Chevalier tire ſa Montre.* Ah, ah, tu la devineras, tu n'y eſt plus, le mot n'eſt pas une Montre, la Montre en approche pourtant, à cauſe du métail.

LE CHEVALIER.

Eh ! je vous entens à merveille, qu'à cela ne tienne.

TRIVELIN.

J'aime pourtant mieux un baiſer.

LE CHEVALIER.

Tiens, mais obſerve ta conduite.

TRIVELIN.

Ah friponne, tu triche ma flame, tu t'eſquive, mais avec tant de grace, qu'il faut me rendre.

SCENE VII.

LE CHEVALIER, TRIVELIN,

ARLEQUIN, *qui vient, a écouté la fin de la scene par derriere, dans le tems que le Chevalier donne de l'argent à Trivelin; d'une main il prend l'argent, & de l'autre il embrasse le Chevalier.*

ARLEQUIN.

AH je la tiens ; ah mamour, je me meurs, cher petit lingot d'or ! je n'en puis plus. Ah Trivelin, je suis heureux !

TRIVELIN.

Et moi volé.

LE CHEVALIER.

Je suis au désespoir, mon secret est découvert.

ARLEQUIN.

Laissez-moi vous contempler, cass ette de mon ame, qu'elle est jolie ! mignarde, mon cœur s'en va, je me trouve mal,

G ij

vîte un échantillon pour me remettre, ah, ah, ah, ah.

LE CHEVALIER, *à Trivelin.*

Débaraffe-moi de lui, que veut il dire avec fon échantillon ?

TRIVELIN.

Bon, bon, c'eft de l'argent qu'il demande.

LE CHEVALIER.

S'il ne tient qu'à cela pour venir à bout du deffein que je pourfuis, emmene le, & engage le au fecret; voilà dequoi le faire taire. *A Arlequin.* Mon cher Arlequin, ne me découvre point, je te promets des échantillons tant que tu voudras; Trivelin va t'en donner, fujs-le, & ne dis mot, tu n'aurois rien fi tu parlois.

ARLEQUIN.

Malpefte, je ferai fage, m'aimerez-vous, petit-homme ?

LE CHEVALIER.

Sans doute.

TRIVELIN.

Allons mon fils, tu te fouviens bien de la bouteille de fondation, allons la boire.

ARLEQUIN, *fans bouger.*

Allons.

TRIVELIN.

Viens donc. *Au Chevalier.* Allez votre

chemin, & ne vous embaraffez de rien.

ARLÉQUIN, *en s'en allant.*

Ah la belle trouvaille, la belle trouvaille !

SCENE VIII.

LA COMTESSE, LE CHEVALIER.

LE CHEVALIER, *feul un moment.*

A Tout hazard, continuons ce que
j'ai commencé, je prens trop de
plaifir à mon projet pour l'abandonner ;
dût-il m'en coûter encore vingtpiftolles, je
veux tâcherd'en venir àbout: voici laCom-
teffe, je la crois dans de bonnes difpofi-
tions pour moi, achevons de la déterminer. Vous me paroiffez bien trifte, Madame ; qu'avez vous ?

LA COMTESSE, *à part.*

Eprouvons ce qu'il penfe. *Au Cheva-*
lier. Je viens vous faire un compliment
qui me déplaît, mais je ne fçaurois m'en
difpenfer.

LE CHEVALIER.

Ahi, notre conversation débute mal, Madame.

LA COMTESSE.

Vous avez pû remarquer que je vous voyois ici avec plaisir, & s'il ne tenoit qu'à moi, j'en aurois encore beaucoup à vous y voir.

LE CHEVALIER.

J'entends, je vous épargne le reste, & je vais coucher à Paris.

LA COMTESSE.

Ne vous en prenez pas à moi, je vous le demande en grace.

LE CHEVALIER.

Je n'examine rien, vous ordonnez, j'obéis.

LA COMTESSE.

Ne dites-point que j'ordonne.

LE CHEVALIER.

Eh, Madame, je ne vaux pas la peine que vous vous excusiez, & vous êtes trop bonne.

LA COMTESSE.

Non, vous dis-je, & si vous voulez rester, en verité vous êtes le maître.

LE CHEVALIER.

Vous ne risquez rien à me donner car-

re blanche, je sçai le respect que je dois
à vos véritables intentions.

LA COMTESSE.

Mais Chevalier, il ne faut pas respec-
ter des chimeres.

LE CHEVALIER.

Il n'y a rien de plus poli qne ce discours-
là.

LA COMTESSE.

Il n'y a rien de plus desagréable que
votre obstination à me croire polie ; car
il faudra malgré moi que je la sois, je
suis d'un sexe un peu fier, je vous dis de
rester, je ne sçaurois aller plus loin, ai-
dez-vous.

LE CHEVALIER, à part.

Sa fierté se meurt, je veux l'achever.
Haut. Adieu, Madame, je craindrois de
prendre le change, je suis tenté de demeu-
rer, & je fuis le danger de mal interpre-
ter vos honnêtetez Adieu, vous renvoyez
mon cœur dans un terrible état.

LA COMTESSE.

Vit-on jamais un pareil esprit ? avec
son cœur qui n'a pas le sens commun.

LE CHEVALIER, *se retournant.*

Du moins, Madame, attendez que je
fois parti pour marquer un dégoût à mon
égard.

LA COMTESSE.

Allez, Monſieur, je ne ſçaurois attendre, allez à Paris chercher des femmes
qui s'expliquent plus preciſément que
moi, qui vous prient de reſter en termes
formels, qui ne rougiſſent de rien; pour
moi je me ménage, je ſçai ce que je me
dois, & vous partirez puiſque vous avez
la fureur de prendre tout de travers.

LE CHEVALIER.

Vous ferai-je plaiſir de reſter ?

LA COMTESSE.

Peut on mettre une femme entre le oüi
& le non. Quelle bruſque alternative ! y
a-t-il rien de plus haïſſable qu'un homme
qui ne ſçauroit deviner ? mais allés-vous-
en, je ſuis laſſe de tout faire.

LE CHEVALIER, *faiſant ſem-*
blant de s'en aller.

Je devine donc, je me ſauve.

LA COMTESSE.

Il devine, dit-il, il devine, & s'en va ;
la belle pénétration ! je ne ſçais pourquoi
cet homme ma plû, Lelio n'a qu'à le ſui-
vre, je le congedie, je ne veux plus de ces
importuns-là chez moi. Ah que je haïs
les hommes à preſent ! qu'ils ſont inſuppor-
tables, j'y renonce de bon cœur.

LE CHEVALIER, *comme revenant sur ses pas.*

Je ne songeois pas Madame, que je vais dans un pays où je puis vous rendre quelques services, n'avés-vous rien à m'y commander ?

LA COMTESSE.

Ouida, oubliés que je souhaitois que vous restassiés ici : voilà tout.

LE CHEVALIER.

Voilà une commission qui m'en donne une autre, c'est celle de rester, & je m'en tiens à la dernicre.

LA COMTESSE.

Comment vous comprenés cela ? quel prodige ! en verité il n'y a pas moyen de s'étourdir sur les bontés qu'on a pour vous, il faut se resoudre à les sentir, ou nous laisser là.

LE CHEVALIER.

Je vous aime , & ne présume rien en ma faveur.

LA COMTESSE.

Je n'entens pas que vous présumiés rien non plus.

LE CHEVALIER.

Il est donc inutile de me retenir Madame.

LA COMTESSE.

Inutile, comme il prend tout : mais il

faut bien obferver ce qu'on vous dit.

LE CHEVALIER.

Mais auffi que ne vous expliqués vous franchement ? je pars, vous me retenés ; je crois que c'eft pour quelque chofe qui en vaudra la peine : point du tout ; c'eft pour me dire , je n'entens pas que vous préfumiés rien non plus : n'eft-ce pas la quelque chofe de bien tentant : & moi Madame, je n'entens point vivre comme cela; je ne fçaurois , je vous aime trop.

LA COMTESSE.

Vous avés là un amour bien mutin : il eft bien preffé.

LE CHEVALIER.

Ce n'eft pas ma faute, il eft comme vous me l'avés donné.

LA COMTESSE.

Voyons donc. Que voulés vous ?

LE CHEVALIER.

Vous plaire.

LA COMTESSE.

Hé bien, il faut efperer que cela viendra.

LE CHEVALIER.

Moi ! me jetter dans l'efperance; oh que non ; je ne donne point dans un pays perdu, je ne fçaurois , ou je marche.

LA COMTESSE.

Marchés, marchés, on ne vous égarera pas.

LE CHEVALIER.

Donnés-moi votre cœur pour compagnon de voyage, & je m'embarque.

LA COMTESSE.

Hum, nous n'irons peut-être pas loin ensemble.

LE CHEVALIER.

Hé par où devinés-vous cela ?

LA COMTESSE.

C'eſt que je vous crois volage.

LE CHEVALIER.

Vous m'avés fait peur, j'ai crû votre ſoupçon plus grave ; mais pour volage s'il n'y a que cela qui vous retienne, partons, quand vous me connoîtrés mieux, vous ne me reprocherés pas ce défaut là.

LA COMTESSE.

Parlons raiſonnablement, vous pourrés me plaire, je n'en diſconviens pas, mais eſt-il naturel que vous plaiſiés tout d'un coup ?

LE CHEVALIER.

Non. Mais ſi vous vous reglés avec moi ſur ce qui eſt naturel, je ne tiens rien, je ne ſçaurois obtenir votre cœur que gratis ; ſi j'attens que je l'aye gagné, nous n'aurons jamais fait ; je connois ce que vous valés & ce que je vaux.

LA COMTESSE.

Fiés-vous à moi, je suis genereuse, je vous ferai peut être grace.

LE CHEVALIER.

Rayés le peut-être, ce que vousdites en fera plus doux.

LA COMTESSE.

Laissons-le, il ne peut être là que par bienseance.

LE CHEVALIER.

Le voilà un peu mieux placé par exemple.

LA COMTESE.

C'est que j'ai voulu vous raccommoder avec lui.

LE CHEVALIER.

Venons au fait ; m'aimerés-vous ?

LA COMTESSE

Mais au bout du compte, m'aimés-vous vous même ?

LE CHEVALIER.

Oüi Madame, j'ai fait ce grand effort là.

LA COMTESSE.

Il y a si peu de tems que vous me connoissés, que je ne laisse pas que d'en être surprise.

LE CHEVALIER.

Vous, surprise ! il fait jour, le Soleil nous luit, cela ne vous surprend-t'il pas

auſſi, car je ne ſçai que répondre à de pareils diſcours, moi. Eh Madame, faut-il
vous voir plus d'un moment pour apprendre à vous adorer ?

LA COMTESSE.

Je vous crois, ne vous fachés point,
ne me chicannés pas davantage.

LE CHEVALIER.

Oüi Comteſſe, je vous aime, & de tous
les hommes qui peuvent aimer, il n'y en
a pas un dont l'amour ſoit ſi pur, ſi raiſonnable, je vous en fais ſerment ſur cette belle main, qui veut bien ſe livrer à
mes careſſes; regardés moi, Madame, tour-
nés vos beaux yeux ſur moi, ne me volés
point le doux embaras que j'y fais naître.
Ha quels regards, qu'ils ſont charmans!
qui eſt-ce qui auroit jamais dit qu'ils tom-
beroient ſur moi ?

LA COMTESSE.

En voilà aſſés, rendés moi ma main,
elle n'a que faire là, vous parlerés bien
ſans elle.

LE CHEVALIER.

Vous me l'avés laiſſé prendre, laiſſés-
moi la garder.

LA COMTESSE.

Courage, j'attens que vous ayés fini.

LA FAUSSE

LE CHEVALIER.

Je ne finirai jamais.

LA COMTESSE.

Vous me faites oublier ce que j'avois à
vous dire, je suis venuë tout exprès, &
vous m'amusés toûjours. Revenons;
vous m'aimés, voilà qui va fort bien,
mais comment ferons nous, Lelio est jaloux de vous.

LE CHEVALIER.

Moi je le suis de lui, nous voilà quittes.
Il a peur que vous ne m'aimiés.

LE CHEVALIER.

C'est un nigaud d'en avoir peur, il devroit en être sûr.

LA COMTESSE.

Il craint que je ne vous aime.

LE CHEVALIER.

Hé pourquoi ne m'aimeriés vous pas, je
le trouve plaisant; il falloit lui dire que
vous m'aimiés pour le guérir de sa crainte.

LA COMTESSE.

Mais, Chevalier il faut le penser pour
le dire.

LE CHEVALIER.

Comment? ne m'avés-vous pas dit tout
à l'heure, que vous me ferés grace?

LA COMTESSE.

Je vous ai dit peut-être.

LE CHEVALIER.

Ne ſçavois je pas bien que le maudit
peut être me joüeroit un mauvais tour ? hé
que faites-vous donc de mieux, ſi vous ne
m'aimés pas ; eſt-ce encore Lelio qui
triomphe.

LA COMTESSE.

Lelio commence bien à me déplaire.

LE CHEVALIER.

Qu'il acheve donc, & nous laiſſe en
repos.

LA COMTESSE,

C'eſt le caractere le plus ſingulier.

LE CHEVALIER.

L'homme le plus ennuyant.

LA COMTESSE.

Et bruſque avec cela, toûjours inquiet,
je ne ſçai quel parti prendre avec lui.

LE CHEVALIER.

Le parti de la raiſon.

LA COMTESSE.

La raiſon ne plaide plus pour lui, non
plus que mon cœur.

LE CHEVALIER.

Il faut qu'il perde ſon procès.

LA COMTESSE.

Me le conſeillés-vous ? je crois qu'effectivement il en faut venir là.

LE CHEVALIER.

Oüi , mais de votre cœur, qu'en ferés-
vous après ?

LA COMTESSE.

Dequoi vous mêlés vous ?

LE CHEVALIER.

Parbleu de mes affaires.

LA COMTESSE.

Vous le sçauriés trop tôt.

LE CHEVALIER.

Morbleu.

LA COMTESSE.

Qu'avés vous ?

LE CHEVALIER

C'est que vous avés des longueurs qui
me desesperent.

LA COMTESSE.

Mais vous êtes bien impatient Chevalier , personne n'est comme vous.

LE CHEVALIER.

Ma foi Madame , on est ce que l'on
peut quand on vous aime.

LA COMTESSE.

Attendés je veux vous connoître mieux.

LE CHEVALIER.

Je suis vif , & je vous adore, me voilà tout entier , mais trouvons un expe-
dient qui vous mette à votre aise ; si je
vous déplaît dites moi de partir , & je
je

pars, il n'en fera plus parlé; je puis efperer quelque chofe, ne me dites rien, je
vou difpenfes de me répondre, votre fi-
lence fera ma joye, & il ne vous en cou-
tera pas une fylabe, vous ne fçauriés pro-
noncer à moins de frais.

LA COMTESSE.
Ah!

LE CHEVALIR.
Je fuis content.

LA COMTESSE.
J'étois pourtant venuë pour vous dire
de nous quitter, Lelio m'en avoit prié.

LE CHEVALIER.
Laiffons-là Lelio, fa caufe ne vaut rien.

SCENE IX.

LE CHEVALIER, LA COMTESSE,

LELIO, *arrive en faifant au Chevalier*
des fignes de joye.

LELIO.

TOut beau, Monfieur le Cheva lies
tourbeau, laiffons-là Lelio, dites-

H

vous; vous le méprisés bien. Ah graces au
Ciel, & à la bonté de Madame, il n'en fera rien, s'il vous plaît, Lelio qui vaut
mieux que vous reftera, & vous vous en irés:
comment morbleu ? que ditesvous de lui,
Madame, ne fuis je pas entre les mains
d'un ami bien fcrupuleux, fon procedé
n'eft-il pas édifiant ?

LE CHEVALIER.

Eh ! que trouvés vous de fi étrange à
mon procedé, Monfieur? Quand je fuis devenu votre ami, ai-je fait vœu de rompre avec la beauté, les graces & tout ce qu'il
y a de plus aimable dans le monde ? non
parbleu ; votre amitié eft belle & bonne,
mais je m'en pafferai mieux que d'amour
pour Madame : vous trouvés un rival ; hé
bien, prenez patience ; en êtes-vous étonné, fi Madame n'a pas la complaifance de
s'enfermer pour vous, vos étonnemens
ont tout l'air d'être frequens, & il faudra bien que vous vous y accoûtumiés.

LELIO.

Je n'ai rien à vous répondre, Madame
aura foin de me venger de vos loüables
enteprifes. *A la Comteffe.* Voulés vous bien
que je vous donne la main, Madame, car
je ne vous crois pas extrêmement amu-
fée des difcours de Monfieur.

LA COMTESSE, *ferieuse &*
fe retirant.

Où voulés vous que j'aille, nous pouvons nous promenet enfemble, je ne me
plains pas du Chevalier, s'il m'aime je ne
fçaurois me facher de la maniere dont il
le dit, & je n'aurois tout au plus à lui ré-
procher, que la médiocrité de fon goût.

LE CHEVALIER.
Ah, j'aurai plus de partifans de mon goût,
que vous n'en aurés de vos reprohes,
Madame.

LELIO, *en colere.*
Cela va le mieux du monde, & je joüe
ici un fort aimable perfonnage ; je ne
fçais quelles font vos vûës, Madame,
mais....

LA COMTESSE.
Ah je n'aime pas les emportés, je vous
reverrai quand vous ferés plus calme.
elle fort.

SCENE X.

LE CHEVALIER, LELIO.

LELIO regarde aller la Comtesse ;
quand elle ne paroît plus, il se met à
éclater de rire.

AH, ha, ha ha. Voilà une femme
bien dupe ; qu'en dis tu, ai-je bonne grace à faire le jaloux. *La Comtesse re-*
paroît seulement pour voir ce qui se passe.
L E L I O, *dit bas.*
Elle revient pour nous observer ..... *haut*
Nous verrons ce qu'il en sera, Chevalier,
nous verrons.

LE CHEVALIER.

Bas. Ah l'excellent fourbe..... *Haut.*
adieu Lelio, vous le prendrés sur le ton
qu'il vous plaira, je vous en donne ma
parole. Adieu.

Ils s'en vont chacun de leur côté.

Fin du second Acte.

ACTE TROISIE'ME.

SCENE PREMIERE.

TRIVELIN, LELIO.

ARLEQUIN, entre pleurant.

Hi, hi, hi, hi....

LELIO.

Dis-moi donc pourquoi tu pleures ;
je veux le sçavoir absolument.

ARLEQUIN, plus fort.

Hi, hi, hi, hi....

LELIO.

Mais quel est le sujet de ton affliction?

ARLEQUIN.

Ah Monsieur, voilà qui est fini, je ne
ferai plus gaillard.

LELIO.

Pourquoi ?

ARLEQUIN.

Faute d'avoir envie de rire.

LELIO.

Et d'où vient que tu n'as plus envie de rire, imbecile ?

ARLEQUIN.

A cauſe de ma triſteſſe.

LELIO.

Je te demande ce qui te rend triſte.

ARLEQUIN.

C'eſt un grand chagrin, Monſieur.

LELIO.

Il ne rira plus parce qu'il eſt triſte, & il eſt triſte à cauſe d'un grand chagrin : te plaira-t-il de t'expliquer mieux ? ſçais-tu bien que je me fâcherai à la fin.

ARLEQUIN.

Hélas, je vous dis la vérité ! *Il ſoupire.*

LELIO.

Tu me la dis ſi ſotement que je n'y comprens rien : t'a t-on fait du mal ?

ARLEQUIN.

Beaucoup de mal.

LELIO.

Eſt-ce qu'on t'a battu ?

ARLEQUIN.

Pû, bien pis que tout cela ma foi.

LELIO.

Bien pis que tout cela ?

ARLEQUIN.

Oüi, quand un pauvre homme perd de

Por, il faut qu'il meure , & je mourrai
auſſi , je n'y manquerai pas.

LELIO.

Que veux-tu dire , de l'or.

ARLEQUIN.

De l'or du Perou , voilà comme on
dit qu'il s'appelle.

LELIO.

Eſt-ce que tu en avois ?

ARLEQUIN.

Eh vraiment oüi , voilà mon affaire ,
je n'en ai plus , je pleure ; quand j'en
avois j'étois bien aiſe·

LELIO.

Qui ceſt-ce qui te l'avoit donné cet or?

ARLEQUIN.

C'eſt Monſieur le Chevalier qui m'a-
voit fait preſent de cet échantillon-là.

LELIO.

De quel échantillon ?

ARLEQUIN.

Eh! je vous le dis.

LELIO.

Quelle patience il faut avoir avec ce
nigaud là ! ſçachons pourtant ce que c'eſt.
Arlequin fait tréve à tes larmes ; ſi tu te
plains de quelqu'un , j'y mettrai ordre ,
mais éclaircis-moi la choſe. Tu me parles
d'un or du Perou , après cela d'un échan

tillon, je ne t'entend point, répond - moi
précisément. Le Chevalier t'a t'il donné
de l'or?

ARLEQUIN.

Pas à moi, mais il l'avoit donné devant
moi à Trivelin pour me le rendre en main
propre, mais cette main propre n'en a
point tâté; le fripon à tout gardé dans la
sienne qui n'étoit pas plus propre que la
mienne.

LELIO.

Cet or étoit-il en quantité? combien de
louis y avoit-il?

ARLEQUIN.

Peut-être quarante ou cinquante, je ne
les ai pas comptés.

LELIO.

Quarante ou cinquante! Et pourquoi
le Chevalier te faisoit il ce present là?

ARLEQUIN.

Parce que je lui avois demandé un
échantillon.

LELIO.

Encore ton échantillon!

ARLEQUIN.

Eh vraiment oüi! Monsieur le Chevalier en avoit aussi donné à Trivelin.

LELIO.

Je ne sçaurois débroüiller ce qu'il veut
dire.

dire, il y a cependant quelque chofe là dedans qui peut me regarder. Répons moi ?
avois-tu rendu au Chevalier quelque fer-
vice qui l'engageât à te récompenfer ?

ARLEQUIN.

Non, mais j'étois jaloux de ce qu'il aimoit Trivelin, de ce qu'il avoit charmé
fon cœur, & mis de l'or dans fa bourfe,
& moi je voulois auffi avoir le cœur charmé, & la bourfe pleine.

LÉLIO.

Quel étrange galimatias me fais-tu là !

ARLEQUIN.

Il n'y a pourtant rien de plus vrai que
tout cela.

LÉLIO.

Quel rapport y a-t-il entre le cœur de
Trivelin & le Chevalier ? le Chevalier
a-t il de fi grands charmes ? tu parles de
lui comme d'une femme.

ARLEQUIN.

Tantia qu'il eft raviffant, & qu'il fera
auffi rafle de votre cœur quand vous le
connoîtrez. Allés pour voir lui dire, je vous
connois, & je garderai le fecret, vous
verrés fi ce n'eft pas un échantillon qui
vous viendra fur le champ, & vous me
dirés fi je fuis fou.

i

LELIO.

Je n'y comprens rien : mais qui est-il le Chevalier ?

ARLEQUIN.

Voilà justement le secret qui fait avoir un present quand on le garde.

LELIO.

Je pretend que tu me le dises , moi.

ARLEQUIN.

Vous me ruinerés, Monsieur , il ne me donneroit plus rien ; ce charmant petit semblant d'homme , & je l'aime trop pour le fâcher.

LELIO.

Ce petit semblant d'homme , que veut-il dire ? & que signifie son transport ? En quoi le trouves-tu donc plus charmant qu'un autre ?

ARLEQUIN.

Ah Monsieur, on ne voit point d'homme comme lui, il n'y en a point dans le monde , c'est folie que d'en chercher , mais sa mascarade empêche de voir cela.

LELIO.

Sa mascarade ! ce qu'il me dit là , me fait naître une pensée que toutes mes reflexions fortifient , le Chevalier à de certains traits , un certain minois ; mais voici Trivelin , je veux le forcer à me dire la verité , s'il la sçait , j'en tirerai meilleur

raiſon que de ce butor là. *à Arlequin-Vv-*
t'en, je tâcherai de te faire ravoir ton ar-
gent. Arlequin part en lui baiſant la main
& ſe plaignant.

SCENE II.

LELIO, TRIVELIN.

TRIVELIN *entre en rêvant , & voyant*
Lelio, il dit.

Voici ma mauvaiſe paye , la phiſio-
nomie de cet homme-là m'eſt devenuë facheuſe ; promenons nous d'un autre côté.

LELIO *l'appelle.*

Trivelin , je voudrois bien te parler.
TRIVELIN.
A moi , Monſieur , ne pourriés-vous
pas remettre cela ? j'ai actuellement un
mal de tête qui ne me permet de conver-
ſation avec perſonne.
LELIO.
Bon bon, c'eſt bien à toi , à prendre gar-

de à un petit mal de tête : approches.

TRIVELIN.

Je n'ai ma foi rien de nouveau à vous apprendre au moins.

LELIO *va à lui , & le prenant par le bras.*

Viens donc.

TRIVELIN.

Eh bien de quoi s'agit-il ? vous reprocheriés vous la recompenſe que vous m'avés donnée tantôt ? je n'ai jamais vû de bienfait dans ce goût-là ; voulés-vous rayer ce petit trait là de votre vie , tenés ce n'eſt qu'une vetille , mais les vetilles gâtent tout.

LELIO.

Ecoûtes, ton verbiage me déplaît.

TRIVELIN.

Je vous diſois bien que je n'étois pas en état de paroître en compagnie.

LELIO.

Et je veux que tu réponde poſitivement à ce que je te demanderai , je reglerai mon procedé ſur le tien.

TRIVELIN.

Le votre ſera donc court, car le mien ſera bref, je n'ai vaillant qu'une replique, qui eſt, que je ne ſçais rien : vous voyés bien que je ne vous ruinerai pas en interrogation.

LELIO.

Si tu me dis la verité, tu n'en seras pas
fâché.

TRIVELIN.

Sçauriés vous encore quelques coups
de bâton à m'épargner?

LELIO *fiérement.*

Finissons.

TRIVELIN *s'en allant.*

J'obéis.

LELIO.

Où vas-tu?

TRIVELIN.

Pour finir une conversation, il n'y a
rien de mieux que de la laisser là, c'est le
plus court, ce me semble.

LELIO.

Tu m'impatiente, & je commence à me
fâcher; tiens-toi-là, écoûtes, & me répond.

TRIVELIN.

A qui en a ce diable d'homme là?

LELIO.

Je crois que tu jure entre tes dents.

TRIVELIN.

Cela m'arrive quelquefois par distraction.

LELIO.

Crois-moi, traitons avec douceur ensemble, Trivelin, je t'en prie.

TRIVELIN.

Oüida, comme il convient à d'honnêtes gens.

LELIO.

Y a-t-il long-tems que tu connois le Chevalier ?

TRIVELIN.

Non, c'est une nouvelle connoissance, la votre & la mienne sont de la même datte.

LELIO.

Sçais-tu qui il est ?

TRIVELIN.

Il se dit cadet d'un aîné Gentilhomme, mais les titres de cet aîné je ne les ai point vûs, si je les vois jamais, je vous en promets copie.

LELIO.

Parles-moi à cœur ouvert.

TRIVELIN.

Je vous la promets vous dis-je, je vous en donne ma parole, il n'y a point de sûreté de cette force là nulle part.

LELIO.

Tu me cache la verité ; le nom de Chevalier qu'il porte n'est qu'un faux nom.

TRIVELIN.

Seroit-il l'aîné de sa famille ? je l'ai crû

réduit à une légitime ; voyés ce que c'est.

LELIO.

Tu bats la campagne , ce Chevalier mal nommé, avoüe-moi que tu l'aime.

TRIVELIN.

Eh je l'aime par la regle generale qu'il faut aimer tout le monde ; voilà ce qui le tire d'affaire auprès de moi.

LELIO.

Tu t'y range avec plaisir à cette regle là.

TRIVELIN.

Ma foi , Monsieur , vous vous trompé rien ne me coûte tant que mes devoirs ; plein de courage pour les vertus inutiles, je suis d'une tiedeur pour les néccssaires qui passe l'imagination ; qu'est-ce que c'est que nous ? n'êtes-vous pas comme moi, Monsieur ?

LELIO , *avec dépit.*

Fourbe , tu as de l'amour pour ce faux Chevalier,

TRIVELIN.

Doucement, Monsieur, diantre ceci est serieux.

LELIO.

Tu sçais quel est son sexe.

TRIVELIN.

Expliquons - nous : de sexe je n'en con-

nois que deux, l'un qui se dit raisonnable, l'autre qui nous prouve que cela n'est
pas vrai : duquel des deux le Chevalier
est-il?

LELIO , *le prenant par le bouton.*

Puisque tu m'y force, ne perd rien de
ce que je vais te dire. Je te ferai perir sous
le bâton si tu me joüe davantage, m'entend tu?

TRIVELIN.

Vous êtes clair.

LELIO.

Ne m'irrite point, j'ai dans cette affai-
re-ci un interêt de la derniere conséquence, il y va de ma fortune, & tu parleras
ou je te tuë.

TRIVELIN.

Vous me tuërés si je ne parle ! hélas
Monsieur, si les babillards ne mouroient
point, je serois éternel, ou personne ne le
seroit.

LELIO.

Parles donc.

TRIVELIN.

Donnés-moi un sujet , quelque petit
qu'il soit, je m'en contente, & j'entre en
matiere.

LELIO , *tirant son épée.*

Ah tu ne veux pas , voici qui te rendra

plus docile.

TRIVELIN, *faisant l'effrayé.*

Fy donc , sçavés-vous bien que vous me
feriés peur sans votre phisionomie d'honnête homme ?

LELIO , *le regardant.*

Coquin que tu es.

LELIO.

C'est mon habit qui est un coquin ,
pour moi je suis un brave homme , mais
avec cet Equipage là , on a de la probité
en pure perte , cela ne fait ni honneur ni
profit.

LELIO , *remettant son Epée.*

Va , je tâcherai de me passer de l'aveu
que je te demandois , mais je te retrouve-
rai , & tu me répondras de ce qui m'arri-
vera de fâcheux.

TRIVELIN.

En quelqu'endroit que nous nous ren-
contrions , Monsieur , je sçais ôter mon
chapeau de bonne grace , je vous en garantis la preuve , & vous serés content
de moi.

LELIO , *en colere.*

Retire-toi.

TRIVELIN , *s'en allant.*

Il y a une heure que je vous l'ai
proposé.

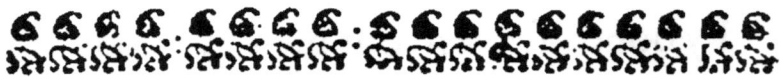

SCENE III.

LELIO, LE CHEVALIER.
LELIO, *rêveur.*

LE CHEVALIER.

EH bien mon ami, la Comtesse écrit actuellement des Lettres pour Paris, elle descendra bien-tôt & veut se promener avec moi, m'a t'elle dit ; sur cela je viens t'avertir de ne nous pas interrompre quand nous serons ensemble, & d'aller bouder d'un autre côté comme il appartient à un jaloux : dans cette conversation ci, je vais mettre la derniere main à notre grand œuvre, & achever de la résoudre, mais je voudrois que toutes tes esperances fussent remplies, & j'ai songé à une chose ; le dédit que tu as d'elle est-il bon ? il y a des dédits mal conçûs & qui ne servent de rien ; montre-moi le tien, je m'y connois, en cas qu'il y manquât quelque chose, on pourroit prendre des mesures.

LELIO, *à part.*

Tâchons de le démafquer fi mes foup-
çons font juftes.

LE CHEVALIER.

Répond-moi donc, à qui en as-tu?

LELIO.

Je n'ai point le dédit fur moi, mais parlons d'autre chofe.

LE CHEVALIER.

Qu'y a-t'il de nouveau, fonges-tu encore à me faire époufer quelqu'autre femme avec la Comteffe?

LELIO.

Non je penfe à quelque chofe de plus
férieux, je veux me couper la gorge.

LE CHEVALIER.

Diantre quand tu te mêle du férieux, tu
le traite à fond; & que ta fait ta gorge
pour la coupet?

LELIO.

Point de plaifanterie.

LE CHEVALIER.

A part. Arlequin auroit-il parlé. *A
Lelio*, fi ta refolution tiens, tu me fera ton
legataire peut-être.

LELIO.

Vous ferés de la partie dont je parle.

LE CHEVALIER.

Moi, je n'ai rien à reprocher à ma gorge,

& fans vanité, je fuis content d'elle.

LELIO.

Et moi je ne fuis point content de vous,
& c'eft avec vous que je veux m'égorger.

LE CHEVALIER.

Avec moi !

LELIO.

Vous-même.

LE CHEVALIER, *riant & le pouffant de la main.*

Ah, ah, ah, ah. Va te mettre au lit
& te faire faigner, tu eft malade.

LELIO.

Suivés-moi.

LE CHEVALIER, *lui tâtant le poux.*

Voilà un poux qui dénote un tranfport
au cerveau ; il faut que tu aye reçû un
coup de foleil.

LELIO,

Point tant de raifons, fuivés-moi vous
dis-je?

LE CHEVALIER.

Encore un coup, va te coucher, mon
ami.

LELIO.

Je vous regarde comme un lâche fi vous
ne marchés.

LE CHEVALIER, *avec pitié.*

Pauvre homme ! après ce que tu me dis-

là, tu est du moins heureux de n'avoir plus
le bon sens.

LELIO.

Oüi, vous êtes aussi poltron qu'une femme.

LE CHEVALIER.

A part, tenons ferme. *A Lelio*. Lelio,
je vous crois malade tampis pour vous si
vous ne l'estes pas.

LELIO, *avec dédain*.

Je vous dis que vous manqués de cœur,
& qu'une quenoüille siéroit mieux à votre
côté qu'une Epée.

LE CHEVALIER.

Avec une quenoüille, mes pareils vous
battroient encore.

LELIO.

Oüi dans une ruelle.

LE CHEVALIER.

Par tout, mais ma tête s'échauffe, véri-
fions un peu votre état. Regardés-moi entre deux yeux. Je crains encore que ce ne
soit un accès de fievre: voyons. LELIO
le regarde, oüi, vous avés quelque chose
de fou dans le regard, & j'ai pû m'y
tromper: allons, allons; mais que je sçache
du moins en vertu de quoi je vais
vous rendre sage.

LELIO.

Nous paſſons dans ce petit bois , je vous le dirai là.

LE CHEVALIER.

Hârons nous donc. *à part.* S'il me voit reſoluë , il ſera peut-être poltron. *Ils marchent tous deux , quand ils ſont prêts de ſortir du Theâtre* LELIO *ſe retourne , regarde* LE CHEVALIER , *& dit.*

Vous me ſuivés donc ?

LE CHEVALIER.

Qu'appelkés-vous je vous ſuis , qu'eſt-ce que cette reflexion là ? Eſt-ce qu'il vous plairoit à preſent de prendre le tranſport au cerveau pour excuſe. Oh , il n'eſt plus temps , raiſonnable ou fou , malade ou ſain , marchés , jeveux filer ma quenoüille , je vous arracherois morbleu d'entre les mains des Medecins , voyés - vous , pourſuivons.

LELIO , *le regarde avec attention.*

C'eſt donc tout de bon ?

LE CHEVALIER.

Ne nous amuſons point , vous dis je , vous devriés être expedié.

LELIO , *revenant au Theâtre.*

Doucement , mon ami , expliquons-nous à preſent.

LE CHEVALIER, *lui serrant la main.*

Je vous regarde comme un ladre si vous hésités davantage.

L E L I O, *à part.*

Je me suis ma foi trompé, c'est un Chevalier, & des plus resolus.

LE CHEVALIER, *mutin.*

Vous êtes plus poltron qu'une femme.

L E L I O.

Parbleu Chevalier, je t'en ai crû une, voilà la verité. De quoi t'avises-tu aussi d'avoir un visage à toilette, il n'y a point de femme à qui ce visage là n'allât comme un charme ; tu est masqué en coquette.

LE CHEVALIER.

Masque vous-même ; vîte au bois.

L E L I O.

Non, je ne voulois faire qu'une épreuve: tu as chargé Trivelin de donner de l'argent à Arlequin, je ne sçais pourquoi.

LE CHEVALIER, *sérieusement.*

Parce qu'étant seul il m'avoit entendu dire quelque chose de notre projet qu'il pouvoit rapporter à la Comtesse ; voilà pourquoi, Monsieur.

LELIO.

Je ne devinois pas : Arlequin m'a tenu aussi des discours qui signifioient que tu

érois fille , ta beauté me l'a fait d'abord
foupçonner ,mais je me rend, tu est beau ,
& encore plus brave , embraſſons nous &
reprenons notre intrigue.

LE CHEVALIER.

Quand un homme comme moi eſt en
train , il a de la peine à s'arrêter.

LELIO.

Tu as encore cela de commun avec la
femme.

LE CHEVALIER.

.Quoiqu'il en foit , je ne fuis curieux de
tuer perſonne, je vous paſſe votre m épriſe,
mais elle vaut bien une excuſe.

LELIO.

Je fuis ton ferviteur,Chevalier , & je te
prie d'oublier mon incartade.

LE CHEVALIER.

Je l'oublie , & fuis ravi que notre recon-
ciliation m'épargne une affaire épineuſe ,
& fans doute un hommicide ; notre duel
étoit poſitif, & fi j'en fais jamais un , il
n'aura rien à démêler avec les Ordonnances.

LELIO.

Ce ne fera pas avec moi, je t'en aſſure.

LE CHEVALIER.

Non,je te le promets.

LELIO.

LELIO, *lui donnant la main.*

Touches-là, je t'en garantis autant.

Arlequin arrive & se trouve là.

S C E N E   IV.

LE CHEVALIER, LELIO, ARLEQUIN.

ARLEQUIN.

JE vous demande pardon si je vous suis importun, Monsieur le Chevalier, mais ce larron de Trivelin ne veut pas me rendre l'argent que vous lui avés donné pour moi, j'ai pourtant été bien discret, vous m'avés ordonné de ne pas dire que vous étiés fille, demandés à Monsieur Lelio si je lui en ai dit un mot, il n'en sçait rien, & je ne lui apprendrai jamais.

LE CHEVALIER, *étonné.*

Peste soit du faquin, je n'y sçaurois plus tenir.

ARLEQUIN, *tristement.*

Comment faquin, c'est donc comme cela que vous m'aimés? *à Lelio*, tenez Monsieur, écoûtés mes raisons, je suis

venu tantôt que Trivelin lui difoit que tu
eft charmante ma poule, baife-moi ; non :
donnes-moi donc de l'argent, enfuite il a
avancé la main pour prendre cet argent ;
mais la mienne étoit là, & il eft tombé
dedans. Quand le Chevalier a vû que j'é-
tois là, monfils, ma-t'il dit, n'apprens pas
au monde que je fuis une fillette : non ma
mour, mais donnés-moi votre cœur :
prens, a-t'elle repris ; enfuite elle a dit à
Trivelin de me donner de l'or, nous avons
été boire enfemble, le cabaret en eft té-
moin, & je reviens exprès pour avoir l'or
& le cœur, & voilà qu'on m'appelle un
faquin, *le Chevalier rêve.*

LELIO.

Va-t'en, laiffes-nous, & ne dis mot à
perfonne.

ARLEQUIN, *fort.*

Ayez donc foin de mon bien. He, he, he.

SCENE V.

LE CHEVALIER, LELIO.

LELIO.

EH bien, Monfieur le Duelifte, qui fe
battra fans bleffer les Ordonnances, je

vous crois, mais qu'avés-vous à répondre·

LE CHEVALIER.

Rien, il ne ment pas d'un mot.

LELIO.

Vous voilà bien déconcertée, ma mie.

LE CHEVALIER.

Moi déconcertée ! pas un petit brin ; graces au Ciel ! je suis une femme, & je soûtiendrai mon caractere.

LELIO.

Ah, ha, il s'agit de sçavoir à qui vous en roulés ici.

LE CHEVALIER.

Avoüés que j'ai du guignon, j'avois bien conduit tout cela, rendés-moi justice, je vous ai fait peur avec mon minois de coquette, c'est le plus plaisant.

LELIO.

Venons au fait, j'ai eu l'imprudence de vous ouvrir mon cœur.

LE CHEVALIER.

Qu'importe, je n'ai rien vû dedans qui me fasse envie.

LELIO.

Vous sçavés mes projets.

LE CHEVALIER.

Qui n'avoient pas besoin d'un confident comme moi, n'est-il pas vrai?

LELIO.

Je l'avoüe.

LE CHEVALIER.

Ils font pourtant beaux, j'aime furtout
cet hermitage & cette laideur immanqua-
ble, dont vous gratifierés votre épouse
quinze jours après votre mariage; il n'y a
rien de tel.

LELIO.

Votre mémoire est fidelle, mais paffons.
Qui estes-vous ?

LE CHEVALIER.

Je fuis fille, affés jolie comme vous
voyés, & dont les agrémens feront de
quelque durée, fi je trouve un mary qui
me fauve le defert & le terme des quinze
jours : voilà ce que je fuis, & par-deffus
ie marché, prefque auffi méchante que
vous.

LELIO.

Oh pour celui là, je vous le cede.

LE CHEVALIER.

Vous avés tort, vous méconnoiffés vos
forces.

LELIO.

Qu'estes-vous venu faire ici?

LE CHEVALIER.

Tirer votre portrait, afin de le porter à
certaine Dame qui l'attend pour fçavoir

ce qu'elle fera de l'original.

LELIO.

Belle miſſion !

LE CHEVALIER.

Pas trop laide : Par cette miſſion là ;
c'eſt une tendre brebis qui échape au
loup, & douze mille livres de rente de
ſauvés, qui prendront parti ailleurs ; petites bagatelles qui valoient bien la peine
d'un déguiſement.

LELIO, *intrigué.*

Qu'eſt-ce que c'eſt que tout cela ſignifie?

LE CHEVALIER.

Je m'explique. La brebis c'eſt ma Maîtreſſe, les douze mille livres de rente,
c'eſt ſon bien qui produit ce calcul ſi
raiſonnable de tantôt, & le loup qui eût
dévoré tout cela, c'eſt vous, Monſieur.

LELIO.

Ah je ſuis perdu !

LE CHEVALIER.

Non, vous manqués votre proye, voi-
là tout : il eſt vrai qu'elle étoit aſſés bonne, mais auſſi, pourquoi êtes-vous loup,
ce n'eſt pas ma faute ; on a ſçû que vous
eſtiés à Paris incognito, on s'eſt defié de
votre conduite, la-deſſus on vous ſuit,
on ſçait que vous êtes au bal, j'ai de l'eſprit & de la malice, on m'y envoye, on

m'équipe comme vous me voyés pour me
mettre à portée de vous connoître, j'arrive, je fais ma charge, je deviens votre
ami, je vous connois, je trouve que vous
ne valés rien, j'en rendrai compte, il n'y a
pas un mot à redire.

LELIO.

Vous êtes donc la femme de chambre
de la Demoiselle en question ?

LE CHEVALIER.

Et votre très-humble servante.

LELIO.

Il faut avoüer que je suis bien malheureux.

LE CHEVALIER.

Et moi bien adroite : mais dites moi,
vous repentés-vous du mal que vous vouliés faire, ou de celui que vous n'avez pas
fait.

LELIO.

Laissons cela ; pourquoi votre malice
m'a t'elle encore ôté le cœur de la Comtesse ? Pourquoi consentir à joüer auprès
d'elle le personnage que vous y faites ?

LE CHEVALIER.

Pour d'excellentes raisons. Vous cherchiés à gagner dix mille Ecus avec elle,
n'est-ce pas ? pour cet effet vous reclamiés mon industrie, & quand j'aurois con-

duit l'affaire près de sa fin, avant de ter-
miner je comptois de vous rençonner un
peu & d'avoir ma part au pillage, ou
bien de tirer finement le dédit d'entre vos
mains, sous pretexte de le voir pour vousle
revendre une centaine de pistolles payées
comptant ou en billets payables au porteur,
sans quoi j'aurois ménacé de vous perdre
auprès des douze mille livres de rente, &
de réduire votre calcul à zero. Oh mon
projet étoit fort bien entendu : moi payée,
crac, je décampois avec mon petit gain,
& le portrait qui m'auroit encore valu
quelque petit revenant-bon auprès de ma
Maîtresse, tout cela joint à mes petites
œconomie tant sur mon voyage que sur
mes gages, je devenois avec mes agrémens
un petit parti d'assés bonne défaite, sauf
le loup. J'ai manqué mon coup, j'en suis
bien fâché, cependant vous me faites pitié,
vous. LELIO.

Ainsi tu voulois.

LE CHEVALIER.

Vous vient-il quelqu'idée ? cherchez.

LELIO.

Tu gagnerois encore plus que tu n'espe-
rois. LE CHEVALIER.

Tenés, je ne ferai point l'hypocrite ici,
je ne suis pas non plus que vous à un tour

de fourberie près , je vous ouvre auſſi mon cœur, je ne crains pas de ſcandaliſer le votre , & nous ne nous ſoucierons pas de nous eſtimer ; ce n'eſt pas la peine entre gens de notre caractere : pour concluſion , faites ma fortune,& je dirai que vous êtes un honnête homme ; mais convenons de prix pour l'honneur que je vous fournira , il vous en faut beaucoup.

L E L I O.

Eh demande-moi ce qu'il te plaira , je te l'accorde.

LE CHEVALIER.

Motus au moins , gardés-moi un ſecret éternel. Je veux deux mille Ecus , je n'en rebatrois pas un ſou , moyennant quoi , je vous laiſſe ma Maîtreſſe , & j'acheve avec la Comteſſe : ſi nous nous accommodons , dès ce ſoir j'écrit une lettre à Paris que vous dicterés vous-même , vous vous y ferés tout auſſi beau qu'il vous plaira , je vous mettrai à même ; quand le mariage ſera fait , devenés ce que vous pourrés, je ſerai nantie & vous auſſi , les autres prendrons patience.

L E L I O.

Je te donne les deux mille Ecus avec mon amitié.

LE

LE CHEVALIER.

Oh ! pour cette nippe-là, je vous la tro-
-querai contre cinquante piſtolles, ſi vous
voulés.

LELIO.

Contre cent ma chere fille.

LE CHEVALIER

C'eſt encore mieux , j'avoüe même
qu'elle ne les vaut pas.

LELIO.

Allons , ce ſoir nous écrirons.

LE CHEVALIER.

Oüi, mais mon argent, quand me le don-
nerés-vous ?

LELIO, *tire une bague.*

Voici une bague pour les cent piſtolles
du troc d'abord.

LE CHEVALIER.

Bon , venons aux deux mille Ecus.

LELIO.

Je te ferai mon billet tantôt.

LE CHEVALIER.

Oüi tantôt , Madame la Comteſſe va
venir, & je ne veux point finir avec elle
que je n'aye toutes mes ſûretés : mettés-
moi le dédit en main , je vous le rendrai
tantôt pour votre billet.

LELIO, *le tirant.*

Tiens , le voilà.

L

LE CHEVALIER.

Ne me trahiſſés jamais.

LELIO.

Tu eſt folle.

LE CHEVALIER.

Voici la Comteſſe, quand j'aurai été quelque temps avec elle, revenés en colere la preſſer de décider hautement entre vous & moi, & allés-vous en de peur qu'elle ne nous voye enſemble.

✕✕✕✕✕✕✕✕✕✕✕✕✕✕✕✕✕✕✕

SCENE VI.

LA COMTESSE, LE CHEVALIER.

LE CHEVALIER.

J'Allois vous trouver, Comteſſe.

LA COMTESSE.

Vous m'avés inquietée, Chevalier, j'ai vû de loin Lelio vous parler; c'eſt un homme emporté, n'ayés point d'affaire avec lui, je vous prie.

LE CHEVALIER.

Ma foi, c'eſt un original. ſçavés-vous qu'il ſe vante de vous obliger à me donner mon congé?

LA COMTESSE.

Lui ! s'il se vantoit d'avoir le sien, cela seroit plus raisonnable.

LE CHEVALIER.

Je lui ai promis qu'il l'auroit, & vous dégagerés ma parole ; il est encore de bonne heure ; il peut gagner Paris, & y arriver au Soleil couchant : expedions - le, ma chere ame.

LA COMTESSE.

Vous n'estes qu'un étourdy, Chevalier, vous n'avés pas de raison.

LE CHEVALIER.

De la raison ! que voulés vous que j'en fasse avec de l'amour ? il va trop son train pour elle. Est ce qu'il vous en reste encore de la raison, Comtesse ? Me feriés-vous ce chagrin là ? vous ne m'aimeriés gueres.

LA COMTESSE.

Vous voilà dans vos petites folies, vous sçavés qu'elles sont aimables, & c'est ce qui vous rassure ; il est vrai que vous m'amusés. Quelle difference de vous à Lelio, dans le fond !

LE CHEVALIER.

Oh vous ne voyés rien ! mais revenons à Lelio. Je vous disois de le renvoyer aujourd'hui, l'amour vous y condamne, il parle, il faut obéïr.

LA COMTESSE.

Eh bien je me révolte. Qu'en arrive-ra-t'il ?

LE CHEVALIER.

Non, vous n'oseriés.

LA COMTESSE.

Je n'oserois ? mais voyés avec quelle hardieſſe il me dit cela.

LE CHEVALIER.

Non, vous dis-je, je ſuis ſûr de mon fait, car vous m'aimés, votre cœur eſt à moi ; j'en ferai ce que je voudrai, comme vous ferés du mien ce qu'il vous plaira : c'eſt la regle, & vous l'obſerverés, c'eſt moi qui vous le dit.

LA COMTESSE.

Il faut avoüer que voilà un fripon bien ſûr de ce qu'il vaut: je l'aime, mon cœur eſt à lui, il nous dis cela avec une aiſance admirable; on ne peut pas être plus perſuadé qu'il eſt.

LE CHEVALIER.

Je n'ai pas le moindre petit doute, c'eſt une confiance que vous m'avés donnée, & j'en uſe ſans façon comme vous voyés, & je conclus toûjours que Lelio partira.

LA COMTESSE,

Et vous n'y ſongés pas ; dire à un homme qu'il s'en aille.

LE CHEVALIER.

Me refuser son congé, à moi qui le demande, comme s'il ne m'étoit pas dû ?

LA COMTESSE.

Badin.

LE CHEVALIER.

Tiede amante.

LA COMTESSE.

Petit Tyran.

LE CHEVALIER.

Cœur revolté, vous rendrés-vous ?

LA COMTESSE.

Je ne sçaurois, mon cher Chevalier, j'ai quelques raisons pour en agir plus honnêtement avec lui.

LE CHEVALIER.

Des raisons, Madame, des raisons ! & qu'est-ce que c'est que cela ?

LA COMTESSE

Ne vous allarmés point, c'est que je lui ai prêté de l'argent.

LE CHEVALIER.

Eh bien, vous en auroit-il fait une reconnoissance qu'on n'ose produire en justice !

LA COMTESSE.

Point du tout, j'en ai son Billet.

LE CHEVALIER.

Joignés-y un Sergent, vous voilà payée.

L iij

LA COMTESSE.

Il est vrai, mais..............

LE CHEVALIER.

Hay, hay, voilà un mais qui a l'air honteux.

LA COMTESSE.

Que voulés vous donc que je vous dise, pour m'assurer de cet argent-là, j'ai consenti que nous fissions lui & moi un dédit de la somme.

LE CHEVALIER.

Un dédit, Madame, ha c'est un vrai transport d'amour que ce dédit-là, c'est une faveur ; il me penetre, il me trouble, je ne suis pas le maître.

LA COMTESSE.

Ce miserable dédit, pourquoi faut-il que je l'aye fait ; voilà ce que c'est que ma facilité pour un homme haïssable, que j'ai toûjours deviné que je haïrois ; j'ai toûjours eu certaine antipatie pour lui, & je n'ai jamais eu l'esprit d'y prendre garde.

LE CHEVALIER.

Ah Madame, il s'est bien accommodé de cette antipatie-là, il en a fait un amour bien tendre ! tenés Madame, il me semble que je le vois à vos genoux, que vous l'écoutés avec un plaisir, qu'il vous jure de vous adorer toûjours, que vous le payez

du même ferment, que sa bouche cher-
che la votre, & que la votre se laisse trouver : car voilà ce qui arrive ; enfin je vous
vois soupirer, je vois vos yeux s'arrêter
sur lui, tantôt vifs, tantôt languissans ;
toûjours pénetrés d'amour, & d'un amour
qui croît toûjours, & moi je me meurs ;
ces objets là me tuënt : comment ferai-je
pour les perdre de vûë : cruel dédit te ver-
rai-je toûjours, qu'il va me couter de
chagrins, & qu'il me fait dire de folies !

LA COMTESSE.

Courage, Monsieur, rendés nous tous
deux la victime de vos chimeres, que je
suis malheureuse d'avoir parlé de ce maudit dédit ! Pourquoi faut-il que je vous
aye crû raisonnable ? Pourquoi vous ai-je
vû ? Est-ce que je mérite tout ce que vous
me dites ? pouvés vous vous plaindre de
moi, ne vous aimai-je pas assés ? Lelio
doit-il vous chagriner, l'ai je aimé, autant que je vous aime, où est l'homme plus
cheri que vous l'estes, plus sûr, plus digne de l'estre toûjours ? & rien ne vous
persuade, & vous vous chagrinés, vous
n'entendés rien, vous me désolés, que
voulés-vous que nous devenions ? comment vivre avec cela ? dites-moi donc ?

LE CHEVALIER,

Le succès de mes impertinences me surprend, c'en est fait Comtesse, votre douleur me rend mon repos & ma joye ; combien de choses tendres ne venés-vous pas de me dire ? cela est inconcevable, je suis charmé : reprenons notre humeur gaye ; allons, oublions tout ce qui s'est passé.

LA COMTESSE.

Mais pourquoi est ce que je vous aime tant, qu'avez vous fait pour cela ?

LE CHEVALIER.

Hélas ! moins que rien, tout vient de votre bonté.

LA COMTESSE.

C'est que vous êtes plus aimable qu'un autre apparemment.

LE CHEVALIER.

Pour tout ce qui n'est pas comme vous ; je le serois peut-être assés, mais je ne suis rien pour ce qui vous ressemble ; non, je ne pourrai jamais payer votre amour, en verité, je n'en suis pas digne.

LA COMTESSE.

Comment donc faut il être fait pour le mériter ?

LE CHEVALIER.

Oh voilà ce que je ne vous dirai pas.

LA COMTESSE.
Aimés-moi toûjours,& je suis contente.
LE CHEVALIER.
Pourrés-vous soûtenir un goût si sobre?
LA COMTESSE.
Ne m'affligés plus , & tout ira bien.
LE CHEVALIER.
Je vous le promets , mais que Lelio
s'en aille.
LA COMTESSE.
J'aurois souhaité qu'il prit son parti de
lui-même à cause du dédit , ce seroit dix
mille Ecus que je vous sauverois, Chevalier ; car enfin c'est votre bien que je ménage.
LE CHEVALIER.
Périssent tous les biens du monde , &
qu'il parte , rompés avec lui la première,
voilà mon bien.
LA COMTESSE.
Faites-y reflexion.
LE CHEVALIER.
Vous hésités encore, vous avés peine à
me le sacrifier, est-ce là comme on aime ?
Oh qu'il vous manque encore de choses
pour ne laisser rien à souhaiter à un homme comme moi.
LA COMTESSE.
Eh bien , il ne me manquera plus rien ,

consolés vous.

LE CHEVALIER.

Il vous manquera toûjours pour moi.

LA COMTESSE.

Non , je me rend , je renverrai Lelio , &
vous dicterés son congé.

LE CHEVALIER.

Lui dirés·vous qu'il se retire sans cérémonie?

LA COMTESSE.

Oüi.

LE CHEVALIER.

Non ma chere Comtesse , vous ne le
renverrés pas , il me suffit que vous y con-
sentiés , votre amour est à toute épreuve ,
& je dispense votre politesse d'aller plus
loin , c'en feroit trop , c'est à moi à avoir
soin de vous quand vous vous oubliés
pour moi.

LA COMTESSE.

Je vous aime , cela veut tout dire.

LE CHEVALIER.

M'aimer, cela n'est pas assés, Comtesse,
distingués·moi un peu de Lelio à qui vous
l'avez dit peut·être aussi.

LA COMTESSE.

Que voulés vous· donc que je vous
dise?

LE CHEVALIER.

Un je vous adore, auffi-bien il vous échapera demain, avancés le moi d'un jour, contentés ma petite fantaifie, dites.

LA COMTESSE.

Je veux mourir s'il ne me donne envie de le dire. Vous devriés être honteux d'exiger cela au moins.

LE CHEVALIER.

Quand vous me l'aurés dit, je vous en demanderai pardon.

LA COMTESSE.

Je croi qu'il me perfuadera.

LE CHEVALIER.

Allons mon cher amour, regalés ma tendreffe de ce petit trait là, vous ne rifqués rien avec moi, laiffés fortir ce mot là de votre belle bouche ; voulés vous que je lui donne un baifer pour l'encourager.

LA COMTESSE.

Ah ça, laiffés-moi, ne ferés-vous jamais content ; je ne vous plaindrai rien quand il en fera temps.

LE CHEVALIER.

Vous êtes attendrie, profités de l'inftant, je ne veux qu'un mot ; voulés-vous que je vous aide, dites comme moi, Chevalier, je vous adore.

LA COMTESSE.

Chevalier, je vous adore. Il me fait faire tout ce qu'il veut.

LE CHEVALIER, *à part.*

Mon sexe n'est pas mal foible ! *haut.* Ah que j'ai de plaisir, mon cher amour, encore une fois.

LA COMTESSE.

Soit, mais ne me demandes plus rien après.

LE CHEVALIER.

Hé que craignés-vous que je vous demande ?

LA COMTESSE.

Que sçai-je moi, vous ne finissés point ; taisés-vous.

LE CHEVALIER.

J'obéis, je suis de bonne composition, & j'ai pour vous un respect que je ne sçaurois violer.

LA COMTESSE.

Je vous épouse, en est-ce assés ?

LE CHEVALIER.

Bien plus qu'il ne me faut, si vous me rendés justice.

LA COMTESSE.

Je suis prête à vous jurer une fidelité éternelle, & je pers les dix mille Ecus de bon cœur.

LE CHEVALIER.

Non , vous ne les perdrez point , si
vous faites ce que je vais vous dire. Lelio viendra certainement vous presser
d'opter entre lui & moi , ne manqués pas
de lui dire que vous consentés à l'épouser , je veux que vous le connoissiés à
fond , laissés-moi vous conduire, & sau-
vons le dédit, vous verrés ce que c'est que
cet homme là ; le voici , je n'ai pas le
temps de m'expliquer davantage.

LA COMTESSE.

J'en agirai comme vous le souhaités.

SCENE VII.

LELIO, LA COMTESSE, LE CHEVALIER.

LELIO.

PErmettés, Madame , que j'interrompe
pour un moment votre entretien avec
Monsieur, je ne viens point me plaindre,
& je n'ai qu'un mot à vous dire ; j'aurois
cependant un assés beau sujet de parler,

& l'indifference avec laquelle vous vivés avec moi, depuis que Monfieur qui ne me vaut pas..

LE CHEVALIER.

Il a raifon.

LELIO.

Finiffons, mes reproches font raifonnables, mais je vous déplaîs; je me fuis promis de me taire, & je me tais quoi qu'il m'en coure. Que ne pourrois-je pas vous dire, pourquoi me trouvés-vous haïffable, pourquoi me fuyés-vous, que vous ai-je fait ? je fuis au defefpoir.

LE CHEVALIER.

Ah, ah, ah, ah, ah.

LELIO.

Vous riez, Monfieur le Chevalier, mais vous prenés mal votre temps, & je prendrai le mien pour vous répondre.

LE CHEVALIER.

Ne te fâche point Lelio, tu n'avois qu'un mot à dire, qu'un petit mot, & en voilà plus de cent de bon compte, & rien ne s'avance, cela me rejoüit.

LA COMTESSE.

Remettés-vous, Lelio, & dites-moi tranquillement ce que vous voulés?

LELIO.

Vous prier de m'aprendre qui de nous

deux il vous plaît de conserver, de Monsieur ou de moi, prononcés, Madame, mon cœur ne peut plus souffrir d'incertitude.

LA COMTESSE.

Vous êtes vif Lelio, mais la cause de votre vivacité est pardonnable, & je vous veux plus de bien que vous ne pensés. Chevalier nous avons jusqui'ci plaisanté ensemble, il est temps que cela finisse, vous m'avez parlé de votreamour, je serois fâchée qu'il fût sérieux, je dois ma main à Lelio, & je suis prête à recevoir la sienne. Vous plaindrés vous encore?

LELIO.

Non Madame, vos reflexions sont à mon avantage, & si j'osois

LA COMTESSE.

Je vous dispense de me remercier, Lelio, je suis sûre de la joye que je vous donne. *A part.* Sa contenance est plaisante.

UN VALET.

Voilà une Lettre qu'on vient d'apporter de la poste, Madame.

LA COMTESSE.

Donnés; voulés vous bien que je me retire un moment pour la lire, c'est de mon frere.

LELIO, *au Chevalier.*

Que diantre signifie cela? elle me prend au mot, que dites-vous de ce qui se passe là?

LE CHEVALIER.

Ce que j'en dis, rien: je croi que je rêve, & je tâche de me reveiller.

LELIO.

Me voilà en belle posture, avec sa main qu'elle m'offre, que je lui demande avec fracas; & dont je ne me soucie point. Mais ne me trompés-vous point?

LE CHEVALIER.

Ah que dites-vous-là! je vous sers loyalement, ou je ne suis pas soubrette; ce que nous voyons là, peut venir d'une chose; pendant que nous nous parlions, elle me soupçonnoit d'avoir quelqu'inclination à Paris, je me suis contenté de lui répondre galament la-dessus, elle a tout d'un coup pris son sérieux, vous êtes entré sur le champ, & ce qu'elle en fait n'est sans doute qu'un reste de dépit, qui va se passer; car elle m'aime.

LELIO.

Me voilà fort embarassé.

LE CHEVALIER.

Si elle continuë à vous offrir sa main, tout le remede que j'y trouve c'est de lui

dire

dire que vous l'épouferés quoique vous
ne l'aimez plus , tournés-lui cette imper-
nence-là d'une maniere polie; ajoûtés que
fi elle ne veut pas , le dédit fera fon affaire.

LELIO.

Il y a bien du bizarre dans ce que tu
me propofes là.

LE CHEVALIER.

Du bizarre , depuis quand eftes-vous
fi delicat ? eft ce que vous reculés pour un
mauvais procedé de plus qui vous fauve
dix mille Ecus ? je ne vous aime plus Madame , cependant je veux vous époufer ;
ne le voulés-vous pas ? payez le dédit ,
donnés-moi votre main , ou de l'argent ,
voilà tout.

LA COMTESSE.

Lelio , mon frere ne viendra pas fi tôt,
ainfi il n'eft plus queftion de l'attendre,
& nous finirons quand vous voudrés.

LE CHEVALIER , bas à Lelio.

Courage , encore une impertinence , &
puis c'eft tout.

LELIO.

Ma foi Madame, oferois-je vous parler
franchement, je ne trouve plus mon cœur
dans fa fituation ordinaire.

M

LA COMTESSE.

Comment donc, expliqués - vous, ne m'aimez-vous plus.

LELIO.

Je ne dis pas cela tout à fait, mais mes inquietudes ont un peu rebuté moncœur.

LA COMTESSE.

Et que signifie donc ce grand étalage de transports que vous venez de me faire ? qu'est devenu votre desespoir, n'étoit-ce qu'une passion de Theâtre ? il sembloit que vous alliés mourir si je n'y avois mis ordre. Expliqués-vous Madame, je n'en puis plus, je souffre.....

LELIO.

Ma foi Madame, c'est que je croyois que je ne risquerois rien, & que vous me refuseriés.

LA COMTESSE.

Vous êtes un excellent Comédien, & le dédit, qu'en ferons-nous Monsieur ?

LELIO.

Nous le tiendrons Madame, j'aurai l'honneur de vous épouser.

LA COMTESSE.

Quoi donc, vous m'épouserés & vous ne m'aimés plus.

LELIO.

Cela n'y fait de rien, Madame, cela ne

doit pas vous arrêter.

LA COMTESSE.

Alés je vous méprise, & ne veux point de vous.

LELIO.

Et le dédit Madame, vous voulés donc bien l'aquitter ?

LA COMTESSE.

Qu'entens-je, Lelio, où est la probité ?

LE CHEVALIER.

Monsieur ne pourra gueres vous en dire des nouvelles , je ne crois pas qu'elle soit de sa connoissance , mais il n'est pas juste qu'un miserable dédit vous broüille ensemble ; tenés, ne vous gênés plus ni l'un ni l'autre, le voilà rompu. Ha, ha, ha.

LELIO.

Ah fourbe !

LE CHEVALIER.

Ha, ha, ha, consolés-vous Lelio, il vous reste une Demoiselle de douze mille livres de rente , ha, ha, ou vous a écrit qu'elle étoit belle, on vous a trompé; car la voilà, mon visage est l'original du sien.

LA COMTESSE.

Ah juste ciel !

LE CHEVALIER.

Ma métamorphose n'est pas du goût de

vos tendres sentimens, ma chere Comtesse, je vous aurois mené assés loin si
j'avois pû vous tenir compagnie : voilà
bien de l'amour de perdu, mais en revanche voilà une bonne somme de sauvée,
je vous conterai le joli petit tour qu'on
vouloit vous jouer.

LA COMTESSE.

Je n'en connois point de plus triste que
celui que vous me joüés vous même.

LE CHEVALIER.

Consolés-vous, vous perdés d'aimables
esperances, je ne vous les avois données
que pour votre bien. Regardés le chagrin
qui vous arrive comme une petite puni-
tion de votre inconstance : vous. avés
quitté Lelio moins par raison que par le-
gereté, & cela merite un peu de correc-
tion. A votre égard, Seigneur Lelio,
voici votre bague, vous me l'avés donnée
de bon cœur, & j'en dispose en faveur de
Trivelin & d'Arlequin ; tenez mes en-
fans, vendés cela & partagés en l'argent.

TRIVELIN & ARLEQUIN.

Grand merci.

TRIVELIN.

Voici les Musiciens qui viennent vous
donner la fête qu'ils ont promise.

LE CHEVALIER.

Voyez là puisque vous êtes ici, vous partirés
après ; ce sera toûjours autant de pris.

DIVERTISSEMENT.

CEt amour dont nos cœurs se laissent enflamer,
Ce charme si touchant, ce doux plaisir d'aimer,
Est le plus grand des biens que le Ciel nous dispense.
Livrons-nous donc sans resistance,
A l'objet qui vient nous charmer.
Au milieu des transports, dont il remplit notre ame,
Jurons lui mille fois une éternelle flame :
Mais n'inspire-t-il plus ces aimables transports ;
Trahissons aussi-tost nos sermens sans remords,
Ce n'est plus à l'objet qui cesse de nous plaire,
Que doivent s'adresser les sermens qu'on a faits
C'est à l'Amour qu'on les fit faire,
C'est lui qu'on a juré de ne quitter jamais.

PREMIER COUPLET.

JUrer d'aimer toute sa vie,
N'est pas un rigoureux tourment.
Sçavés-vous ce qu'il signifie ?
Ce n'est ni Philis ni Silvie,
Que l'on doit aimer constament,
C'est l'objet qui nous fait envie.

DEUXIEME COUPLET,

Amants, si votre caractere
Tel qu'il est, se montroit à nous,
Quel parti prendre, & comment faire ?
Le Celibat est bien austere :
Faudroit-il se passer d'Epoux ?
Ils nous est trop necessaire.

TROISIEME COUPLET.

Mesdames vous allés conclure,
Que tous les hommes sont maudits :
Mais doucement & point d'injure,

Quand nous ferons votre peinture,
Elle eſt, je vous en avertis,
Cent fois plus drôle, je vous jure.

FIN.

APPROBATION.

J'Ai lû par ordre de Monſeigneur le Garde
des Sceaux une Comédie, qui a pour titre
la Fauſſe Suivante où le Traître Puny, & j'ai
crû que l'impreſſion en ſeroit agréable au public. Fait à Paris ce 6. Août 1724.

DANCHET.

PRIVILEGE DU ROY.

LOUIS par la grace de Dieu Roy de France & de
Navarre: A Nos amez & Feaux Conſeillers, les
Gens tenans nos Cours de Parlemens, Maîtres des
Requeſtes ordinaires de notre Hôtel, Grand'Con-
ſeil, Prévoſt de Paris, Bailiifs, Sénéchaux, leurs
Lieutenans Civils, & autres nos Juſticiers qu'il ap-
partiendra, SALUT. Notre bien amé HENRY-SIMON
PIERRE GISSEY, Imprimeur & Libraire à Paris,
Nous ayant fait ſupplier de lui accorder nos Lettres
de permiſſion pour l'impreſſion d'*Arlequin Pluton le
Dedain affecté, la Fauſſe Suivante Comédie*, offrant
pour cet effet de les imprimer ou faire imprimer en
bon papier & beaux caracteres, ſuivant la feuille
imprimée & attachée pour modele ſous le Con-
treſcel des Preſentes; Nous lui avons permis, &

permettons par ces presentes, d'imprimer ou faire imprimer lesdits Ouvrages ci-dessus spécifiés en un ou plusieurs Volumes, conjoictement ou séparement, & autant de fois que bon lui semblera, sur papier & caractères conformes à ladite feuille imprimée & attachée sous notre Contrescel, & de les vendre, faire vendre, & débiter, par tout notre Royaume pendant le temps de trois années consécutives, à compter du jour de la datte desdites Presentes. Faisons défenses à tous Imprimeurs-Libraires, & autres personnes de quelque qualité & condition qu'elles soient, d'en introduire d'impression étrangere dans aucun lieu de notre obéïssance; à la charge que ces presentes seront enregistrées tout au long sur le Registre de la Communauté des Libraires & imprimeurs de Paris, dans trois mois de la date d'icelle; que l'impression de ces Livres sera faite dans notre Royaume & non ailleurs, & que l'impétrant se conformera en tout aux Reglemens de la Librairie, & notamment à celui du dixiéme Avril mil sept cens vingt-cinq, & que avant que de les exposer en vente, les Manuscrits ou imprimés qui auront servi de copie à l'impression desdits Livres, seront remis dans le même état où les Approbations y auront été données ès mains de notre très-cher & Feal Chevalier Garde des Sceaux de France le sieur Chauvelin; & qu'il en sera ensuite remis deux exemplaires de chacun dans notre Bibliotheque publique, un dans celle de notre Château du Louvre, & un dans celle de notredit très-cher & Feal Chevalier Garde des Sceaux de France le sieur Chauvelin. Le tout à peine de nullité des presentes du contenu, desquelles vous mandons & enjoignons de faire jouir l'Exposant, ou ses ayans cause pleinement & paisiblement sans souffrir qu'il leur soit fait aucun trouble ou empêchemens. Voulons qu'à la copie desdites Presentes qui sera imprimée tout au long au commencement ou à la fin desdits Livres, foi soit ajoûtée comme à l'Original ; Commandons au premier notre Huissier ou Sergent de faire, pour l'execution d'icelles tous Actes requis & necessaire sans demander autre permission, & nonobstant clameur de Haro, Charte Normande & Lettres à ce contraires ; Car tel est notre plaisir. Donné à Fontainebleau troisiéme jour du mois de Septembre, l'an de grace mil sept cens vingt huit, & de notre Regne le quatorziéme. Par le Roy en son Conseil.

NOBLET.

Je cede à Monsieur Briasson, mon droit au present Privilege, suivant les conventions faites entre nous. A Paris ce 14. Septembre 1728. GISSEY.

Registré ensemble la cession sur le Registre VII. de la Chambre Royale des Imprimeurs & Libraires de Paris, N°. 222 Fol. 186 conformément aux anciens Reglemens, confirmés par celui du 28 Feurier 1723. A Paris le quatorze Septembre mil sept cens vingt-huit.

J. B. COIGNARD, Syndic.

www.ingramcontent.com/pod-product-compliance
Lightning Source LLC
Chambersburg PA
CBHW051719090426
42738CB00010B/1987